浙江省新型重点专业智库中共浙江省委党校全面从严治党研究中心资助项目

布哈林与葛兰西文化领导权思想比较研究

仲 帅 著

哈尔滨工程大学出版社
Harbin Engineering University Press

内容简介

布哈林和葛兰西是国际共产主义运动史上具有重要地位和卓越贡献的马克思主义理论家,特别是他们的文化领导权思想对推动本国乃至世界社会主义事业有着重要的理论意义和深远影响。本书深入研究了布哈林和葛兰西关于文化领导权思想的异同,揭示了布哈林与葛兰西文化领导权思想对新时代巩固党的文化领导权、建设强大的社会主义意识形态和加快推进建设社会主义文化强国具有重要启示作用。

图书在版编目(CIP)数据

布哈林与葛兰西文化领导权思想比较研究/仲帅著.—哈尔滨:哈尔滨工程大学出版社,2019.8
ISBN 978-7-5661-2517-0

Ⅰ.①布… Ⅱ.①仲… Ⅲ.①布哈林(Bakharin, N. I. 1888-1938)-领导权-政治思想-研究②葛兰西(Gramsci, Antonio 1891-1937)-领导权-政治思想-研究 Ⅳ.①D095.125.1②D095.465.1

中国版本图书馆CIP数据核字(2019)第216979号

选题策划 葛 雪
责任编辑 王俊一 马毓聪
封面设计 李海波

出版发行 哈尔滨工程大学出版社
社　　址 哈尔滨市南岗区南通大街145号
邮政编码 150001
发行电话 0451-82519328
传　　真 0451-82519699
经　　销 新华书店
印　　刷 哈尔滨市石桥印务有限公司
开　　本 787 mm×960 mm 1/16
印　　张 16
字　　数 210千字
版　　次 2019年8月第1版
印　　次 2019年8月第1次印刷
定　　价 45.00元
http://www.hrbeupress.com
E-mail:heupress@hrbeu.edu.cn

前　言

布哈林和葛兰西是国际共产主义运动史上具有重要地位和贡献的马克思主义理论家，他们的文化领导权思想对推动本国乃至世界无产阶级争取社会主义的斗争实践有着重要的理论意义和深远影响。本书在认真梳理国内外相关学术史及研究动态的基础上，分析了布哈林和葛兰西研究的理论图景，对国内外研究现状进行了述评，进一步明确了本书研究的主要内容、研究框架及具体内容和研究的重点难点，确立了研究的主要目标、基本思路和思路方法，进一步阐释了本研究的学术价值和应用价值。

本书首先对布哈林与葛兰西关于文化领导权的概念进行了比较，论述了布哈林对“意识形态”“精神文化”和“文化领导权”等相关概念的认识，论述了葛兰西对“文化”“意识形态”和“文化领导权”等相关概念的认识，分析研究了布哈林与葛兰西对文化领导权相关概念的认识异同。其次，对布哈林与葛兰西文化领导权思想产生的时代背景进行了比较，认为帝国主义时代和资本主义全面危机、苏联社会主义建设的成就和挑战，构成了布哈林文化领导权思想产生的时代背景，认为帝国主义的形成和法西斯主义兴起、俄国十月革命的胜利和欧洲无产阶级革命的失败，构成了葛兰西的文化领导权思想产生的时代背景，分析研究了布哈林与葛兰西文化领导权思想产生的时代背景的异同。再次，对布哈林与葛兰西文化领导权思想产生的理论来源进行了比较，认为布哈林文化领导权思想产生的理论来源主要是马克思主义和列宁主义，同时受到普列汉诺夫、波格丹诺夫思想的影响，认为葛兰西文化领导权思想产生的理论来源主要是马克思主义和列宁主义，同时受到拉布里奥拉和克罗齐思想的影响，分析研究了布哈林与葛兰西文化领导权思想产生的理论来源的异同。最后，对布哈林与葛兰西文化领导权思想关于夺取文化领导权的基本内容进行了比较，在夺取文化领导权的场域比较方面，认为布哈林的文化领导权建设基础论和葛兰西的市民社会理论分别阐释了夺取文化领导权的场域问题，分析研究了布哈林与葛兰西对夺取文化领导权场域的认识异同；在取得文化领导权的策略比较方面，认为布哈林提出了党的一般领导下的“文化竞赛”策略，认为葛兰西提出了由“运动战”转向“阵地战”策略，分析研究了布哈林与葛兰西对夺取文化领导权策略的认识异同；在夺取文化领导权的主力比较方面，认为布哈林提出了文化干部和知识分子政策，认为葛兰西提出了“有机知识分子”理论，分析研究了布哈林与葛兰西对夺取文化领导权主力的认识异同。

布哈林与葛兰西文化领导权思想的比较对新时代党的文化领导权建设具有重要意义。我们要深刻认识文化领导权建设事关党的前途命运、事关国家政权安全、事关民族凝聚力和向心力。要充分认识我国文化领导权建设取得的重大成就，同时高度重视我国文化领导权建设面临的重大挑战，深刻把握社会主要矛盾的变化在文化领域的表现，努力把握文化领导权建设的历史方位。要建设强大的社会主义意识形态，巩固马克思主义在意识形态领域的指导地位，学习贯彻习近平新时代中国特色社会主义思想，培育和弘扬社会主义核心价值观。要加强和创新意识形态阵地建设，加强传统意识形态阵地的管理，营造风清气正的网络空间，打造国际传播的"航空母舰"。要打造一支高素质文化干部和知识分子队伍,加强宣传思想文化工作干部队伍建设,加强哲学社会科学和文艺工作者队伍建设,加强思想政治理论课教师队伍建设。

著者
2019 年 5 月

目　　录

第1章　绪　　论

布哈林是苏联著名的马克思主义理论家，被列宁称赞为“党的最可宝贵和最大的理论家”“全党最喜欢的人”。[①] 他曾任苏共中央机关报——《真理报》主编，长期分管和从事苏联文化建设工作，有着丰富的文化建设理论与实践。葛兰西是意大利著名的马克思主义理论家，是西方马克思主义创始人之一。他在《狱中札记》中提出的文化领导权思想即文化霸权理论，在马克思主义理论宝库中占有重要地位，已经被国内外学术界所熟知，对国际共产主义运动产生了重要影响，成为推动各国无产阶级政党和广大革命群众夺取文化领导权、推动社会主义文化建设的重要思想理论。但鲜为人知的是，布哈林在葛兰西之前于1925年写作的《无产阶级和文艺政策问题》一文中，就提出和探讨了文化领导权问题。有学者指出，葛兰西在《实践哲学》一书中有大量的关于布哈林意识形态思想的批判性论述，认为葛兰西“与布哈林学说的批判性对话对他的学说（指文化霸权理论——笔者）的形成起了很大的推动作用”[②]。因此，布哈林与葛兰西文化领导权思想的比较研究问题就值得我们给予更多的关注、进行更加深入的探讨，这对深化文化领

① 列宁：《列宁选集（第4卷）》，人民出版社，1995，第745页。

② 邱运华：《意识形态领域的文化中介与形式内涵——布哈林〈历史唯物主义理论〉的文艺问题》，《马克思主义美学研究》2005年第1期。

导权理论的认识、维护国家安全和推动新时代中国文化领导权建设都有着重要的理论和实践意义。

1.1 国内外相关学术史梳理及研究动态

1.1.1 布哈林研究的理论图景

布哈林于1888年出生在莫斯科一个小职员的家庭，就读于莫斯科大学，后成为苏联的早期领导人，曾任苏共中央政治局委员、《真理报》主编等职，长期分管和从事苏联意识形态工作，有着丰富的社会主义文化建设理论和实践经验，他在苏联党内享有较高的声誉，他的理论学识多次受到了列宁的称赞，一度成为列宁接班人的重要人选之一。列宁逝世后，他同斯大林在社会主义建设问题上的分歧和矛盾逐渐公开化。1938年，布哈林以莫须有的罪名被判处死刑。直至1988年布哈林才被平反，他的党籍和名誉被恢复。

1. 国内布哈林研究的学术史梳理及主要研究内容

(1)国内布哈林研究的学术史梳理

早在20世纪20年代，布哈林的相关著作就已经被译介到中国。其中，以布哈林的《共产主义ABC》最为著名，这部著作成了中国早期共产主义者学习和接受马克思列宁主义的启蒙读物。邓小平同志曾说："我的入门老师是《共产党宣言》和《共产主义ABC》。"①20世纪30年代，布哈林的一些著作在中国出版，包括《历史唯物论》（现代书局出版）、《世界经济与帝国主义》（上海新垦书店出版）、《唯物史大纲》（上海平凡书局出版）、《唯物史观社会学》（北新书局）等。中华人民共和国成立以后，中国学术界普遍接受了苏联党和政府对布哈林的判决和评价，认定布哈林是修正主义分子和叛徒，国内对布哈林的研究极少，仅有的几篇研究论文也主要是对布哈林的批判，如1958年刘舒在《读书》上发表的《用匕首和短剑无情揭露机会主义——介绍〈列宁对布哈林《过渡时期的经济》一书的评论〉》。1955年，中国人民大学马列主义教研室编辑了《托洛茨基叛国集团案、布哈林叛国集团案、贝利亚叛国集团案资料选辑》在内部发行；1976年，三联书店出版了《布哈林言论》一书，该书被冠以机会主义、修正主义资料选编的名义在内部发行；1978年，人民出版社出版了郑言实主编的《斯大林反对托洛茨基主义和布哈林主义的斗争》。

20世纪80年代，我国继续推进改革开放，由于布哈林思想中有许多契合我国改革发展实际的思想理论观点，如"通过市场关系走向社会主义"、"和平长入社会主义"、坚定捍卫和阐释列宁的新经济政策，等等，对当时中国的改革开放事业有一定的启示和借鉴意义，许多布哈林的著作被译介到中国，如《布哈林文选》《历史唯物主义理论（马克思主义社会学通俗教材）》《共产主义ABC》《过渡时期经济学》《帝国主义与资本积累》等，国内兴起了研究布哈林思想的热潮。这一时期，国内出版了一批研究布哈林的著作，中

① 邓小平：《邓小平文选（第3卷）》，人民出版社，1993，第382页。

国社科院主编的《布哈林和布哈林思想》(1982 年出版)、如闻一、叶书宗的《布哈林传》(1988 年出版)、张伟垣、徐林森的《被玷污的岁月——布哈林与布哈林问题》(1989 年出版)和赵郇方的《布哈林思想评传》(1993 年出版)等。汪义诚、林英、马龙闪、范玉传、赵新文、徐博涵、万智等研究了布哈林文化思想的概念、理论来源、现实基础、建设目的、基本策略等,取得了丰硕的研究成果,丰富了布哈林文化思想的研究。

20 世纪末苏联党和政府给布哈林平反,宣告布哈林无罪,恢复了布哈林的党籍和名誉。此时,国内学者对布哈林的研究评价也发生了根本性变化,绝大多数学者对布哈林及其文化思想持肯定态度。马龙闪、李春隆、郑异凡认为,布哈林是苏联早期文化政策的主要制定者。郑异凡认为,布哈林的思想理论推动了 20 世纪 20 年代苏联文化的繁荣。蒲国良、田国良认为,如果当时实施“布哈林方案”而不是“斯大林模式”,苏联的社会主义建设乃至前途命运将发生重大变化。

2018 年是布哈林诞辰 130 周年、逝世 80 周年、平反 30 周年,在这前后,学术界又掀起了研究布哈林思想的一次热潮。2015 年,重庆出版社出版了郑异凡先生主编的布哈林的四部著作,《社会主义及其文化》《辩证法概论》《时代》和《过渡时期经济学》;2015 年,中国社会科学出版社出版了李先灵的《布哈林社会主义文化建设思想研究》;2017 年,上海社会科学院出版社出版了布哈林的《唯物史观社会学》。一些学者也撰写了一系列纪念和研究文章。

截至 2019 年 5 月,以中国知网为检索源,篇名包含“布哈林”的期刊论文共计 404 篇。从数据所属的学科类别来看,大多数研究成果集中在政治学、经济学、历史学、哲学等领域。除笔者(含合作）发表的学术论文外，以“布哈林文化（文艺、科技、道德、教育）思想”为题的文章仅有20余篇。截至2019年5月，以中国知网为检索源，篇名包含“布哈林”的硕士学位论文共计23篇，且基本上属于政治类、经济类、哲学类和历史类；除笔者的博士论文《布哈林社会主义文化建设理论研究》外，关于布哈林研究的博士学位论文仅为1篇，该博士学位论文的题目为《布哈林帝国主义理论研究》（2011年，南京师范大学张保和，马克思主义基本原理专业），这表明学术界对布哈林的文化思想关注的还不够，研究成果还不多。

（2）国内布哈林研究的主要研究内容

①关于布哈林文化领导权思想的相关概念研究。一是无产阶级文化。马龙闪、汪太理、郑异凡、邱运华认为，布哈林所要建设的无产阶级文化是在一个过渡时期，无产阶级通过掌握文化克服自己先天的文化落后并成长为具有相当文化力量的阶级。二是意识形态理论。邱运华认为，布哈林的“历史唯物主义理论”实际上可以替换为“意识形态理论”，这个理论包括社会意识形态、社会心理结构、艺术、各种感情和感觉、生活本身这样一个层次结构。三是苏维埃文化。张建华认为，布哈林所要建设的是苏维埃文化，即苏联自上而下的制度层面和管理层面的意识形态安排，是对苏联政治系统的认识取向、情感取向和评价取向的总和。

②关于布哈林文化领导权思想的理论来源研究。一是列宁文化建设思想。林英、马龙闪、赵新文、徐博涵、汪太理、郑异凡、高新民、俞良早认为，布哈林文化理论汲取了列宁的文化建设思想，是对列宁主义的继续。二是俄国传统文化。任思明、郑异凡认为，俄国传统的文学艺术对布哈林思想有重要影响。三是波格丹诺夫思想。马龙闪、郑异凡、邱运华认为，布哈林文化思想受到波格丹诺

夫的无产阶级文化思想的影响。

③关于布哈林文化领导权思想的现实基础研究。一是文化的原则、文化的粗放性和文化的集约性。马龙闪、郑异凡、邱运华、张建华认为,文化的原则、文化的粗放性和文化的集约性是讨论一般文化问题的三个方面,布哈林通过这三个尺度将无产阶级夺取政权前的文化状况同资产阶级夺取政权前的文化状况进行比较,来论述无产阶级文化建设的现实基础。二是“落后的社会主义”。汪太理、李先灵认为,苏俄“落后的社会主义”现状是社会主义建设的出发点。

④关于布哈林文化领导权建设的目的研究。一是政治目的。汪义诚、范玉传、万智、汪太理、郑异凡、田国良、周来顺认为,布哈林的文化领导权建设目的是防止无产阶级国家的蜕化。田国良认为,布哈林文化革命为实现政治民主创造必要的前提。二是经济目的。范玉传认为,布哈林文化领导权建设的目的是减少革命的巨大耗费,把发展文化纳入经济建设的重要环节。三是文化目的。汪太理认为,布哈林文化领导权建设的目的是提高工人阶级的文化水平。邱运华认为,布哈林文化领导权建设的实质是取得无产阶级文化领导权。四是关注人的本身。汪太理、张建华认为,布哈林文化领导权思想的超前性是关注人的本身。

⑤关于布哈林文化领导权建设的基本策略研究。一是打破教育垄断、重视教育的普及。林英、汪太理、郑异凡、邱运华、张建华、李先灵、周来顺认为,要大力开展群众性教育活动,处理好文化提高和文化普及的关系。二是培养无产阶级文化干部。林英、汪太理、郑异凡、邱运华、李先灵、周来顺认为,要大力培养无产阶级文化干部,逐步替代旧知识分子。三是正确的知识分子方针。马龙

闪、郑异凡、李先灵认为，布哈林重视改造和利用旧知识分子。四是开展文化竞赛。范玉传、郑异凡、李先灵认为，布哈林主张开展文化竞赛和鼓励成立文化团体等。五是重视科学技术。汪太理、张明雯认为，布哈林重视和大力发展科学技术事业。

⑥关于布哈林文化领导权思想的评价研究。一是基本特色。林英、邱运华认为，用“平衡论”指导文化建设是布哈林文化思想的一大特点。二是历史作用。马龙闪、李春隆、郑异凡认为，布哈林是苏联早期文化政策的主要制定者。郑异凡认为，布哈林的思想理论推动了 20 世纪 20 年代苏联文化的繁荣。蒲国良、田国良认为，如果当时实施“布哈林方案”而不是“斯大林模式”，苏联社会主义建设将取得更大的成绩。三是思想价值。邱运华认为，布哈林学说对葛兰西文化霸权理论的形成起到推动作用，他的社会现象物质化理论是对马克思主义唯物论学说中一个环节的重要补充。四是历史局限性。马龙闪、郑异凡认为，布哈林在继承文化遗产和对待旧知识分子问题上犯有“左”的错误。

2. 国外布哈林研究的学术史梳理及主要研究内容

(1) 国外布哈林研究的学术史梳理

布哈林思想在世界上具有很大的影响力，他的著作在世界上许多国家被翻译出版。1938 年，布哈林被处决后，在苏联国内他的著作便成为某种禁忌。从 20 世纪 50 年代开始，各国学者又重新对布哈林进行研究，写有不少专著。最早的有美国尼悉·海特曼的《尼古拉·布哈林已发表著作注释目录》，德国彼得·克尼尔施的《布哈林的经济观点》，美国亚历山大·厄里奇的《苏联工业化问题的争论(1924—1928)》等。20 世纪六七十年代，国外出版了大量的布哈林著作的新版本，各国学者发表了大量研究布哈林的著作、文章。如美国斯蒂芬·科恩的《布哈林和布尔什维克革命——布哈林的政治传记》、英国肯·科茨的《布哈林案件》、苏联罗伊·麦德韦杰夫的《布哈林的最后岁月》、英国莫舍·卢因的《苏联经济论战中的政治潜流：从布哈林到现代改革派》等。其中，斯蒂芬·科恩认为，布哈林一直以来都赞成需要有独立的"无产阶级文化"思想，他同列宁在"无产阶级文化"问题上存在分歧，还认为布哈林主张用多样化、说服和和平竞争的办法去求得文化建设进步，反对靠政治压制去取得虚假的成就。这一时期，弗兰尼茨基、科拉科夫斯基对布哈林及其思想给予充分肯定，认为布哈林是列宁以外最出色的布尔什维克理论家，是继列宁之后对党的哲学和社会学说做出系统阐释的党的领导人。

1988 年，苏共和苏联政府给布哈林平反，恢复了他的党籍和名誉。苏联国内迎来了研究布哈林的春天，苏联学者 B. B. 茹拉普列夫主编的《布哈林——人、政治家、学者》（苏联政治书籍出版社 1990 年出版）一书收录了苏联学者对布哈林研究的 18 篇文章，麦德维杰夫的《布哈林的最后岁月》出版。其他社会主义国家也迎来了研究布哈林思想的春天，如中国学者较早地对布哈林进行研究，也积极地关注国外对布哈林的研究动态，出版了《布哈林思想研究（译文集）》（人民出版社 1983 年出版）、《革命与改革中的布哈林——布哈林国际讨论会文集》（黑龙江教育出版社 1988 年出版）、《布哈林问题国际学术讨论会论文集》（黑龙江人民出版社 1993 年出版）。1980 年，布哈林国际学术讨论会在意大利罗马召开。1988 年，在布哈林诞辰 100 周年之际，布哈林国际学术讨论会在联邦德国乌培塔尔召开。这一时期，一批学者关注和研究了布哈林的文化思想,取得了丰硕的研究成果。在无产阶级文化思想研究方面,沃尔弗松认为,布哈林赞成独立的无产阶级文化;阿格奈斯·盖赖本、戈列洛夫认为,布哈林文化思想受到波格丹诺夫为代表的“无产阶级文化派”思想的影响。在文化领导权建设思想的来源方面,拉林娜、沃尔弗松、古尔维奇·布哈林娜认为,布哈林继承和发展了列宁的文化革命思想;拉林娜、戈列洛夫认为,俄国传统文化对布哈林思想影响很大;阿格奈斯·盖赖本、戈列洛夫、纳乌莫夫认为,布哈林文化思想受到波格丹诺夫的“无产阶级文化派”的方法论影响。在文化建设的目的方面,马利娅·费雷蒂认为,发展社会主义民主是布哈林文化革命思想的内容之一;阿列克谢耶娃认为,布哈林在革命初的几年里积极参与和制定了文化建设规划,把提高无产阶级的文化水平这一任务置于首位。在文化建设的基本策略方面,阿格奈斯·盖赖本认为,布哈林把知识分子当作一个有别于小资产阶级的新的第三阶级;格雷厄姆、阿列克谢耶娃认为,布哈林提出了科学规划的思想。

虽然西方学者关于布哈林文化思想的研究取得了一系列成果,肯定了布哈林的观点在形成官方的文化政策中起的重要作用。但是,国外学者对布哈林文化思想关注总体不够,只在一些研究成果中涉及布哈林文化思想。布哈林的文化革命思想遭到了史学界的轻视,事实上这是布哈林思想中并非次要的组成部分。

(2)国外布哈林研究的主要研究内容

①关于布哈林无产阶级文化思想的研究。一是赞成独立的无产阶级文化。斯蒂芬·科恩、沃尔弗松认为,布哈林一直以来都赞成需要有独立的“无产阶级文化”思想,布哈林同列宁在“无产阶级文化”问题上存在分歧。二是受到波格丹诺夫“无产阶级文化

派”思想的影响。阿格奈斯·盖赖本、戈列洛夫、纳乌莫夫认为,波格丹诺夫的无产阶级文化思想、经验批判主义对布哈林文化思想有过巨大的影响。

②关于布哈林文化领导权思想的理论来源研究。一是列宁主义。斯蒂芬·科恩、拉林娜、沃尔弗松、古尔维奇·布哈林娜认为,布哈林文化领导权思想是对列宁文化革命思想的继承和发展。二是俄国传统文化。拉林娜、戈列洛夫认为,俄国传统文化对布哈林思想影响很大。三是波格丹诺夫思想。阿格奈斯·盖赖本、戈列洛夫、纳乌莫夫认为,布哈林文化思想受到波格丹诺夫的“无产阶级文化派”的方法论影响。

③关于布哈林文化领导权建设的目的研究。一是政治目的。马利娅·费雷蒂认为,发展社会主义民主是布哈林文化革命思想的内容之一。二是文化目的。阿列克谢耶娃认为,布哈林在革命初的几年里积极参与和制定了文化建设规划,把提高无产阶级的文化水平这一任务置于首位。

④关于布哈林文化领导权建设的基本策略研究。一是文化竞赛。斯蒂芬·科恩认为,布哈林主张用多样化、说服和和平竞争的办法去求得文化建设进步,反对靠政治压制去取得虚假的成就。二是重视知识分子的作用。阿格奈斯·盖赖本认为,布哈林把知识分子当作一个有别于小资产阶级的新的第三阶级。三是科学规划。格雷厄姆、阿列克谢耶娃认为,布哈林提出了科学规划的思想。

⑤关于布哈林文化领导权思想的评价研究。一是发展了列宁主义。弗兰尼茨基、科拉科夫斯基认为,布哈林是列宁以外最出色的布尔什维克理论家,是继列宁之后对党的哲学和社会学说做出

系统阐释的党的领导人。二是历史地位和作用。马利娅·费雷蒂认为,布哈林的文化革命思想遭到了史学界的轻视,事实上这是布哈林思想中并非次要的组成部分。阿格奈斯·盖赖认为,布哈林的观点在形成官方的文化政策中起了重要作用。

1.1.2 葛兰西研究的理论图景

安东尼奥·葛兰西被誉为西方马克思主义的创始人之一,他的文化领导权理论在国际上具有重要地位。1891年1月,葛兰西出生于意大利撒丁岛一个小职员家庭。他自幼家境贫寒,靠勤工助学读完都灵大学文学与哲学系。在大学期间,葛兰西加入了意大利社会党。大学毕业后,他凭借出色的工作能力担任《人民呼声报》主编。在第一次世界大战期间,葛兰西积极响应列宁"变帝国主义战争为国内战争"的口号,发动都灵工人武装起义,在工人群众中拥有较高的威望,被推选为意大利社会党都灵支部书记。第一次世界大战结束后,意大利革命运动空前高涨,工人阶级和革命群众决心要走"俄国人道路"。1921年1月,意大利社会党左派分裂出来,成立了意大利共产党,葛兰西是创始人之一。1922年5月,葛兰西作为意大利共产党代表当选为共产国际执委会书记处书记。1922年10月,以墨索里尼为首的法西斯分子在意大利夺取了国家政权,意大利逐步走上了法西斯道路。葛兰西受共产国际委派回国领导意大利共产党开展反法西斯斗争。1926年11月葛兰西不幸被捕。在监狱中,葛兰西坚持研究革命理论,写下了《狱中札记》,这是意大利现代思想史上的重要著作,系统论述了文化领导权理论即文化霸权理论。1937年4月27日,葛兰西在法西斯的监狱中病逝。

1. 国内葛兰西研究的学术史梳理及主要研究内容

(1)国内葛兰西研究的学术史梳理

20世纪50年代,意大利的左凡尼·杰曼尼托德写了《我们的陶里亚蒂》,被译为中文于1953年在《世界知识》杂志上发表。随后,1957年世界知识出版社出版了由意大利的隆巴尔多和卡尔朋合著的《葛兰西的生平》一书的中文版。从20世纪70年代末开始,国内学术界兴起研究葛兰西思想的热潮。1978年,徐崇温在《国外社会科学》杂志上发表了题为《关于西方的"马克思主义研究"——流派和观点综述》,介绍了包括葛兰西在内的西方马克思主义代表人物与主要流派。此后,有关葛兰西的著作陆续被译介到中国,包括《论文学》(人民文学出版社1982年出版),葛兰西的《狱中札记》(人民出版社1983年出版),朱塞佩·费里奥的《葛兰西传》(1983年出版),意大利的恩内斯托·拉焦尼埃里编的《陶里亚蒂论葛兰西》(1983年出版),英国作家约尔的《"西方马克思主义的鼻祖"——葛兰西》(1988年出版)。此外,求实出版社在1987年出版了毛韵泽的著作《葛兰西:政治家、囚徒和理论家》。此外,还有一些研究论文,其中葛兰西与列宁主义、葛兰西与西方马克思主义的关系问题是当时理论研究的重点。总体来看,这一时期国内的葛兰西研究还处于起步阶段或者准备阶段。

从20世纪80年代后半期到20世纪末,我国学术界有一场关于西方马克思主义的大讨论,葛兰西的思想是这场大讨论的核心内容之一,这在客观上推动了葛兰西思想的普及,激发了更多的学者对葛兰西的相关著作进行翻译和研究,包括翻译出版了《实践哲学》(徐重温译,1990 年出版)、《狱中书简》(田国良译,1990 年出版)、《文化霸权》(田心喻译,1991 年出版)、《葛兰西文选:1916—1935》(中央编译局国际共运史研究所编译,1992 年出版)、《一个未完成的政治思索:葛兰西的〈狱中札记〉》(黄华光、徐力源译,2000 年出版)、《狱中札记》(曹雷雨译,2000)、《葛兰西文选:1916—1935》,等等。这些著作的翻译出版为深入、系统地研究葛兰西思想提供了重要基础。这一时期,一些学者开始深入研究葛兰西文化领导权思想的核心内容,特别是他的知识分子理论与市民社会思想。专著《意识形态论》(俞吾金著,1993 年出版),论述了葛兰西文化领导权的实质。一系列学术论文被发表,包括《葛兰西和市民社会的概念》(诺伯特·巴比奥、何增科于 1993 年发表)、《葛兰西市民社会思想述评》(何增科于 1993 年发表)、《市民社会与文化领导权:葛兰西的理论》(何增科于 1993 年发表)、《市民社会概念的历史演变》(何增科于 1994 年发表)、《文化领导权与社会主义》(陈燕谷于 1995 年发表)、《文化霸权与文化革命的谱系学》(刘康于 1996 年发表)、《知识分子与革命——论葛兰西的知识分子理论》(戚吟于 1996 年发表)、《葛兰西的实践哲学与马克思的哲学世界观》(徐崇温于 1996 年发表)、《社会进步的文化动力观——葛兰西与毛泽东之比较》(葛扬于 1997 年发表),等等。这些学术专著和研究论文,为此后的研究开拓了空间,奠定了基础。

自 2001 年至今,一系列葛兰西的相关著作被翻译出版,如《葛兰西狱前著作选》《现代君主论》《狱中书简》《火与玫瑰》《葛兰西文选》《导读葛兰西》《葛兰西:语言与霸权》,葛兰西思想研究进入了一个快车道,葛兰西思想研究的文本支撑进一步得到加强。这一时期，形成了一批学术价值较高的专门性著作，其中包括孙晶的《文化霸权理论研究》(2004 年出版)、刘莉的《马克思主义视域中的文化霸权：对后殖民理论的文本再解读》(2007 年出版)、仰海峰的《实践哲学与霸权：当代语境中的葛兰西哲学》(2009 年出版)、胡爱玲《意识形态、领导权与知识分子：葛兰西实践哲学研究》(2009 年出版)、康晓光的《阵地战：关于中华文化复兴的葛兰西式分析》(2010 年出版)、周兴杰的《批判的位移：葛兰西与文化研究转向》(2011 年出版)、和磊的《葛兰西与文化研究》(2011 年出版)、马广利的《文化霸权：后殖民批评策略》(2011 年出版)、孙民的《政治哲学视域中的"意识形态领导权"——从葛兰西到拉克劳、墨菲》(2012 年出版)、潘西华的《葛兰西文化领导权思想研究》(2012 年出版)、孙宜晓的《葛兰西历史主义思想研究》(2013 年出版)、李金勇的《葛兰西文化领导权思想研究——从思想政治教育权力的视角》(2015 年出版)、王文慧的《列宁与葛兰西意识形态思想比较》(2018 年出版)，等等。这些研究成果有力推动了葛兰西的文化领导权理论研究。

截至 2019 年 5 月，以中国知网为检索源，篇名包含"葛兰西"的期刊论文共计 856 篇。其中关于葛兰西文化领导权、意识形态领导权或文化霸权的论文近 500 篇。截至 2019 年 5 月，以中国知网为检索源，篇名包含"葛兰西"的研究生学位论文共计 167 篇，其中，硕士研究生学位论文 158 篇，博士研究生学位论文 9 篇，关于葛兰西文化领导权、意识形态领导权或文化霸权的研究生论文近 100 篇。这些丰硕的高质量研究成果为下一步研究奠定了重要基础。

(2)国内葛兰西研究的主要研究内容

国内葛兰西研究所涉及的主题十分广泛，大体上可分为如下几个方面。

①葛兰西的文化领导权理论整体研究。首先是“文化领导权”一词的翻译问题。国内有时将“文化领导权”翻译为“文化霸权”，源于意大利语 egemonia 一词和英语 hegemony 一词，田时纲通过对葛兰西著作的考察，以及 egemonia 在葛兰西的政治学说体系中与“市民社会”“认同”“无产阶级”“知识分子”等概念的关系，认为 egemonia 不宜译作“霸权”，应译作“领导权”。[①] 陈燕谷也认为应该译为“文化领导权”，因为文化领导权表示某种统治关系，试图将某种特殊的意识形态转换成普遍有效的价值观，领导权的运作排除了暴力的和强制性的措施，它是通过社会中大多数人自愿的认可、赞同而实现的。[②] 其次是从不同角度对文化领导权进行对比诠释。如潘西华和赵军从领导权的提出、领导权与阶级同盟、领导权与无产阶级政权建设三个方面将葛兰西和列宁进行比较，认为列宁和葛兰西根据东西方社会不同的历史条件及所处的国际背景提出了侧重点不同的领导权思想，而葛兰西更注重无产阶级文化领导权的夺取与巩固，更注重无产阶级自身无产阶级“自觉”的培育。[③] 黄卫星、李彬主要从政治社会和人民民主专政、市民社会和人民大众、有机知识分子和改造知识分子、文化政治和新文化等角度，将葛兰西和毛泽东有关文化领导权的思考进行对比。[④] 刘莘则从西方文化主义转向中来解读文化领导权，并且认为当代西方马

---

① 田时纲：《“egemonia”是“领导权”还是“霸权”——葛兰西政治理论的核心范畴》，《教学与研究》2007 年第 8 期。

② 陈燕谷：《Hegemony（霸权/领导权）》，《读书》1995 年第 2 期。

③ 潘西华、赵军：《从“政治领导权”到“文化领导权”——列宁与葛兰西无产阶级领导权思想的比较》，《科学社会主义》2009 年第 6 期。

④ 黄卫星、李彬：《葛兰西与毛泽东“文化领导权”思想比较》，《清华大学学报（哲学社会科学版）》2012 年第 3 期。

克思主义片面抽象地发展了葛兰西思想的某些方面，把葛兰西的文化领导权思想从其总体性战略中割裂出来，把文化战略等同于政治战略，进而取代政治战略，这种转向在整体上远离了葛兰西的思想。[①] 和磊以葛兰西的文化领导权理论为中心，阐述葛兰西是如何影响文化研究的，而文化研究在运用葛兰西的理论中又是如何挪用甚至改造葛兰西的。[②] 刘莉则以葛兰西文化领导权思想的分析模式来分析后殖民主义理论，主要从有机知识分子、市民社会、自我认同等角度进行分析，并且认为后殖民主义理论最终背离了马克思主义精神，导致了内在矛盾和理论困境。[③] 仰海峰认为葛兰西的贡献在于通过霸权概念揭示了统治阶级在意识形态上吸收了对抗阶级的意识形态内容，因此现代意识形态的领导权是以吸收合乎被统治阶级要求的意识为重要媒介的。[④] 孙晶认为葛兰西的文化霸权理论是一种关于强制同意的理论，并且通过有机知识分子、阵地战等策略实现这种强制同意，对此他提出了批评和质疑。[⑤]

②葛兰西的市民社会理论研究。周兴杰认为葛兰西的“市民社会”概念具有三重意指：一是指“私人性”的机构和组织的总和；二是指市民社会与政治社会、国家的一体性；三是指“被调和了的社会”。进而认为葛兰西的“市民社会”观念虽受到黑格尔的影响，但其内核却是马克思主义的。[⑥] 单提平认为葛兰西对市民社会

---

① 刘苹：《葛兰西：文化领导权及其诠释》，《探索》2007 年第 2 期。

② 和磊：《葛兰西的领导权与文化研究》，博士学位论文，首都师范大学，2005。

③ 刘莉：《马克思主义与后殖民理论视域——以葛兰西为切入点的考察》，博士学位论文，华南师范大学，2005。

④ 仰海峰：《为何重读葛兰西》，《中国图书评论》2008 年第 1 期。

⑤ 孙晶：《葛兰西的文化霸权理论及其质疑》，《马克思主义与现实》2001 年第 1 期。

⑥ 周兴杰：《葛兰西“市民社会”的三重意指与“霸权”的丰富内涵》，《马克思主义研究》2010 年第 7 期。

概念出场语境的思考，说明了葛兰西的市民社会思想是一种立足现实形势，在吸纳马克思实践哲学、列宁政党学说、克罗齐教会理论乃至弗洛伊德精神分析理论后的“综合创新说”。[①] 武俊斌认为葛兰西开创了从文化维度界定市民社会的路径，开启了市民社会理论的当代转向，同时认为国家的消亡过程是市民社会完全取代政治社会的过程，它意味着社会大众赢得市民社会真正且持久的领导权。[②] 李佃来认为葛兰西的市民社会概念确立了一种既不同于亚里士多德和西塞罗从政治意义上规约市民社会、又不同于黑格尔和马克思从经济意义上界定市民社会的考察理路，由此开创了一种在文化意义上概括市民社会的全新理论传统。[③] 徐强认为葛兰西从文化和意识层面揭示了市民社会中隐性存在的资产阶级文化、意识的内蕴，阐明了发生在市民社会中的诸多变化，从而以其独特的对社会生活的领悟力确立了其独具特色的市民社会理论。[④] 王雨辰认为葛兰西的市民社会理论一方面是为了反对当时对马克思的唯物史观所做的机械决定论和技术、经济还原论的解释，同时也是在继承了西方政治文化的传统基础上，对当代西方社会结构的变化进行深刻分析的基础上得出的。[⑤] 徐步华认为 20 世纪的市民社会概念发生了三次重要的转变，其中第一次转变是葛兰西带来的，强调市民社会的文化和象征维度，具体表现在价值观

---

① 单提平：《葛兰西的市民社会思想及当代意义》，《山东大学学报（哲学社会科学版）》2010 年第 3 期。

② 武俊斌：《葛兰西市民社会理论评析》，《理论月刊》2009 年第 10 期。

③ 李佃来：《葛兰西与当代市民社会理论传统》，《学术月刊》2004 年第 1 期。

④ 徐强：《论葛兰西的市民社会思想》，《南京社会科学》2008 年第 2 期。

⑤ 王雨辰：《略论葛兰西的市民社会与文化领导权理论》，《广西大学学报（哲学社会科学版）》2001 年第 3 期。

形成、行动导向规范、意义和认同方面的作用。[①]

③葛兰西阵地战思想研究。梁树发认为以往对葛兰西的实践哲学研究缺乏总体的和根本的认识,要从总体上把握葛兰西的理论和正确认识其本质特征,就应该把葛兰西直接实践意义的领导权思想和“阵地战”的战略纳入实践哲学体系。[②] 毛韵泽认为在多样化的市民社会中要建立一个统一的“集体意志”,要在从事体力劳动农民大量减少、“白领工人”将占绝对多数的情况下组成新的历史联合体(工农联盟),在生产力快速发展,资本主义矛盾大大缓和的情况下,葛兰西的“阵地战”理论面临着重大挑战。[③] 赵根成和张怀民认为夺取无产阶级文化领导权的“阵地战”,不能离开理论和实践、知识分子和群众的紧密结合,而“结合”的过程实际上就是无产阶级知识分子对广大群众进行理论教育的过程。[④] 仰海峰认为葛兰西的阵地战理论在总体上反对在资本主义国家内部进行改良的策略,但在总体的革命指向上,葛兰西强调通过市民社会内部的革命,才能真正地实现国家问题上的革命。[⑤] 叶慧珍认为如果无产阶级政党仍处于在野党地位,没有初步掌握一定的经济、军事、政治领导权,仅仅指望通过“阵地战”来赢得文化领导权甚至政权,则只能是一种文化空想和意识形态乌托邦。[⑥] 孙晶认为阵地战

---

① 徐步华:《20 世纪“市民社会”概念的三次重要转变:葛兰西、柯亨和阿拉托、哈贝马斯》,《世界哲学》2019 年第 3 期。

② 梁树发:《葛兰西的实践哲学体系——一种关于葛兰西的马克思主义观的新的观察视角》,《浙江学刊》2004 年第 6 期。

③ 毛韵泽:《论葛兰西的“阵地战”理论今日面临的挑战》,《国外社会科学》1991 年第 10 期。

④ 赵根成、张怀民:《文化领导权下的“阵地战”——试论葛兰西理论教育思想的理论与实践》,《河南工业大学学报(社会科学版)》2016 年第 3 期。

⑤ 仰海峰:《实践哲学与霸权:当代语境中的葛兰西哲学》,北京大学出版社,2009,第 149 - 152 页。

⑥ 叶慧珍:《葛兰西文化领导权思想及其话语路径研究》,社会科学出版社,2016,第 97 页。

的方式主要是逐步征服市民社会，如果市民社会不能独自被征服，阵地战就变成了一个空洞的概念。阵地战战略是不彻底的，这主要是由于葛兰西没有一套清晰的国家、上层建筑与经济基础的理论。[①]

④葛兰西有机知识分子理论。仰海峰认为葛兰西的有机知识分子理论，是指现代资本主义中一批以技术为基础、与生产相结合的技术知识分子阶层，与社会生产相结合，实现着不同阶级与阶层之间的意志整合，建构无产阶级革命所需要的霸权。[②] 陶文昭认为葛兰西的有机知识分子理论有两个特点：一是由传统向现代转变，即由人文主导型向科技主导型转变；二是对雅各宾主义和自发主义的超越，即企图以强调工人民主、知识分子与群众的有机结合来克服雅各宾主义，又以强调意识形态、知识分子的教育功能来克服工人的自发主义。[③] 余一凡、赵冶认为葛兰西有机知识分子理论是对马克思和恩格斯有关意识形态家思想的发展和改造，其对传统知识分子的批判，与马克思和恩格斯的意识形态批判在内容上和实质上保持着密切联系，与马克思和恩格斯关于意识形态及意识形态家的阶级分析保持统一。[④] 夏群友、虢美妮认为葛兰西理论中的知识分子在市民社会中担负着统一理论与实践的历史使命，实践的政治内涵以及实践哲学的实质和现实意义正是在对知识分子独特社会作用的论述中揭示出来的。[⑤] 饶翔认为文化领导权并不是强权政治，而是国家和市民社会之间调和、协商和谈判的结果，

① 孙晶：《葛兰西的文化霸权理论及其质疑》，《马克思主义与现实》2001 年第 1 期。
② 仰海峰：《葛兰西论知识分子与霸权的建构》，《吉林大学社会科学学报》2006 年第 6 期
③ 陶文昭：《葛兰西的知识分子理论及意义》，《马克思主义研究》1998 年第 4 期。
④ 余一凡、赵冶：《葛兰西有机知识分子概念新探》，《理论月刊》2016 年第 2 期。
⑤ 夏群友、虢美妮：《论葛兰西的知识分子理论》，《云南社会科学》2008 年第 3 期。

因此有机知识分子最重要的职能就是充当这个调和者、协商者和谈判者，所履行的是类似“代理人”的角色。①

2. 国外葛兰西研究的学术史梳理及主要研究内容

(1)国外葛兰西研究的学术史梳理

葛兰西的在完成《狱中札记》后不久病逝在狱中，随即第二次世界大战爆发，手稿因此沉寂了多年。20 世纪 30 年代末到 20 世纪 60 年代，葛兰西的思想开始引起世人关注，但主要的研究范围还限于意大利甚至意大利共产党内部。意大利共产党领导人陶里亚蒂、贝林格等对葛兰西的著作进行了整理，系统地研究了葛兰西的思想理论，主编了纪念葛兰西的文集，并于 1938 年在法国巴黎出版。1946 年，葛兰西的书信首次发表，并获得了意大利维拉吉奥奖。1948 年至 1951 年，意大利学者普拉托尼编辑出版了六卷本《狱中札记》。1950 年至 1960 年，葛兰西入狱之前的著作相继出版，共五卷。不久，以写作日期为线索编排的《葛兰西全集》出版。

20 世纪 60 年代至 20 世纪 90 年代，葛兰西的思想在世界范围内引起广泛影响，并掀起了一股研究热潮。葛兰西的思想对法兰克福学派、伯明翰学派产生了重大影响，同时它还深深影响了赛伊德、密里本德、列斐伏尔、阿尔都塞、普朗查斯、麦克莱伦、梅洛·庞蒂、拉克劳、墨菲等人。这一时期，关于葛兰西思想的研究形成一系列成果。有学者认为，自 20 世纪 90 年代至今是解释学语义背景下的研究期，一些西方马克思主义学者从后结构主义、后现代主义、阿尔都塞的多元决定理论、拉康精神分析学、话语理论出发，对

① 饶翔:《知识分子与文化领导权——葛兰西的文化思想探要》,《兰州学刊》2009 年第 1 期。

葛兰西的文化领导权理论进行重新解读，把葛兰西的理论与“全球化”“后工业社会”“知识经济”“后现代”话语相结合，并加以解读和阐释，挖掘其思想的当代意蕴，如戴维·麦克莱伦的《马克思以后的马克思主义》、佩里·安德森的《西方马克思主义探讨》、科拉科夫斯基的《马克思主义的主要流派》等。许多学者都给葛兰西以高度评价，戴维·麦克莱伦把葛兰西誉为“最近半个世纪以来最具有独创性的马克思主义思想家”。

(2)国外葛兰西研究的主要研究内容

比利时学者穆芙在主导权、完整的国家、阵地战、消极的革命等方面总结了葛兰西思想研究现状。葛兰西认为的完整的国家就是垄断资本主义国家，它不限于政治社会，还渗透于市民社会；取得政权不能再靠对国家机器的正面进攻，将靠长期阵地战，其主导权思想是控制社会再生的全过程。葛兰西的消极革命是在危机与革命之间确立一种非决定论的关系，避免单纯从生产力的发展来解释历史。① 意大利学者G.利果里从为什么葛兰西的研究陷入低潮、自由民主派等对葛兰西的评论、葛兰西的“预见”概念、葛兰西的领导权思想、葛兰西与宗教、葛兰西理论的现实意义等几个角度简要论述了十年间意大利研究葛兰西的情况。② 潘西华在其《国内外葛兰西思想研究的回顾与展望》一文中认为，国外学者在研究葛兰西时，议题十分广泛，涉及政治学、哲学、文学、社会学、语言学等诸多领域，将葛兰西的思想与实际问题结合起来，用葛兰西思想来分析当代社会存在的各种问题。③ 这些研究充分展现了西方学者

① 尚塔尔·穆芙：《葛兰西思想研究现状》，冯炳昆译，《国外社会科学动态》1982年第12期。

② G.利果里：《十年间(1978—1987)意大利对葛兰西的研究》，吕裕阁译，《理论前沿》1989年第77期。

③ 潘西华：《国内外葛兰西思想研究的回顾与展望》，《新视野》2017第4期。

在葛兰西研究领域的灵活性和宏阔的视野。

仰海峰在其《葛兰西研究七十年:回顾与反思》一文中,对国外葛兰西研究做了一个简单的回顾,他将国外葛兰西研究主要分为三个阶段。第一阶段是1938年到20世纪60年代,这一阶段对葛兰西思想的研究主要集中在意大利,重点关注葛兰西的国家理论和政党理论。第二阶段是20世纪60年代到20世纪90年代,这时葛兰西的思想已经在西方世界产生广泛影响,这个变化主要归功于1967年波比奥的论文《葛兰西与市民社会概念》,其主要特点是一反过去从马克思主义内部一致性的视角对葛兰西进行党派解释的传统,强调葛兰西理论自身的独立性与开创性。1979年,麦克莱伦将葛兰西列为与卢卡奇、科尔施齐名的马克思主义者。第三阶段是自20世纪90年代至今,这一阶段主要是一些学者从后现代主义视角来理解葛兰西,并且受到苏联解体影响,葛兰西在后马克思主义时代,反而得到了更大的重视,他超越了传统马克思主义,也超越了后现代主义。[①]

以上是国外葛兰西研究的一个整体概况,葛兰西的思想极为庞杂,国外学者对其每一个侧面都有比较深入的研究。如意大利学者M.迪马乔通过对1953年至1983年法国共产党的研究,认为法共从未真正接纳葛兰西的思想体系,这也深刻地反映出在法共政治路线和政策方针中存在的问题。但是葛兰西理论又在不同的阶段被法共及部分左翼知识分子提及并探讨,成为更新和丰富法国马克思主义的重要思想工具。[②] 德国学者W. F.豪格通过对葛兰

① 仰海峰:《葛兰西研究七十年:回顾与反思》,《河北学刊》2009年第3期。

② M.迪马乔:《"对领导权的误读":法共对葛兰西思想的接受》,苏林译,《马克思主义与现实》2019年第3期。

西“实践哲学”这一术语的考察，阐述了葛兰西的实践哲学与马克思的历史唯物主义的关系，认为葛兰西的伟大创新就在于他运用了马克思的哲学理论的方式。从葛兰西回到马克思，再次转向马克思，并不意味着要背离葛兰西，关键在于从一种经过转换的视角去重读马克思。① 美国学者纳迪娅·乌尔比诺蒂重点探讨了葛兰西的从属和霸权理论，主要包括个人与群体、乡村与城市、南方与北方、人民与知识分子、大众文化与高级理论之间的从属关系，从激情、差异、解放、语言、理解和文化霸权等方面阐述了建立现代意大利国家的问题。② 意大利学者 P. 马尔基涅里从国际主义的角度探讨葛兰西对工人阶级的战略中民族的东西与国际的东西的相互关系问题，认为葛兰西明确地把国际主义评定为民族的成分同国际合作、国际团结融合在一起。③ 日本学者小仓利丸从“普遍的完整性”角度来看待葛兰西的意义与局限性，认为某个集团如果自认为代表整体，不允许他人处于与自己同等的地位，就可能招致党派斗争和大清洗运动，进而使无产阶级内部自我毁灭，这可能正是由“普遍的完整性”倾向造成的。④ 日本学者松富弘志认为葛兰西的市民社会理念是指与统治集团对全社会行使的统治功能相对应的各种“私人”机构的总体，类似政党和合作社等结社团体，是各种意识形态性的社会机构的总体。⑤ 西班牙学者 N. L. 卡列拉探讨了葛兰西和法律的关系，认为葛兰西虽然没有创立一种法律理论，却以

---

① W. F. 豪格：《从马克思到葛兰西，从葛兰西到马克思——历史唯物主义与实践哲学》，阮航、万健琳译，《德国哲学》2017 第 1 期。

② 纳迪娅·乌尔比诺蒂：《葛兰西的从属和霸权理论》，李世书编译，《马克思主义与现实》2005 年第 5 期。

③ P. 马尔基涅里：《葛兰西的国际主义》，潘德礼译，《国外社会科学动态》1987 年第 10 期。

④ 小仓利丸：《葛兰西的意义与局限》，直夫编译，《国外社会科学快报》1988 年第 8 期。

⑤ 松富弘志：《葛兰西的“市民社会”概念》，直夫编译，《国外社会科学快报》1988 年第 8 期。

极大的勇气在马克思主义中为法律争到了一席之地，克服了早期马克思主义者反法律的恶习和在法律上的虚无主义。[①] 美国学者C. 勃格斯认为葛兰西在其一生中，都坚持彻底推翻资产阶级政治制度，和整个资本主义制度决裂，并建立一个崭新的革命化权力机构，对于葛兰西而言，不论社会处于危机还是稳定时期，革命的主要任务都是创造独立的无产阶级文化和一整套组织机构。[②] 英国学者诺埃尔·博尔汀认为不应该将葛兰西的有机知识分子和传统知识分子二元对立，这是对葛兰西思想的偏离。葛兰西只是对传统知识分子、有机知识分子和批判性知识分子进行了区分，并且在区分的过程中产生了五个难题，分别是：①意识的本质源发于批判的有机的知识分子的活动；②保守主义的传统的前景；③这种知识分子在可能的接受人中所担当的角色；④智力工作者的概念；⑤特殊原则所导致的人文主义及全球认知前景的替代物。这些问题在研究葛兰西有机知识分子问题时至今仍被关注。[③]

1.1.3 国内外研究现状述评

（1）从马克思主义理论学科视角对葛兰西文化领导权思想的研究仍需进一步加强。应当说，国内外学术界从多学科、多角度对葛兰西的文化领导权理论进行研究，取得了一系列丰硕成果。但是，我们还应该看到，一些研究大都出自从事西方马克思主义、哲学或者文艺学研究的学者，他们的理论视线主要集中在葛兰西的

① N. L. 卡列拉：《葛兰西和法律》，吕臣重摘译，《国外社会科学》1980年第5期。
② C. 勃格斯：《葛兰西和欧洲共产主义》，刘铭昌摘译，《国外社会科学》1981年第2期。
③ 诺埃尔·博尔汀：《葛兰西知识分子思想的再审视》，潘西华译，《教学与研究》2009年第5期。

实践哲学或者文艺思想上，从马克思主义理论学科视角揭示葛兰西文化领导权理论的深刻内涵和丰富内容的研究成果仍需进一步加强。

（2）学术界对布哈林的文化领导权思想的关注和研究仍需进一步加强。从现有的学术文献来看，国内外有关布哈林思想的研究主要集中在哲学、经济学等方面，对布哈林文化领导权思想的研究还不够，对布哈林文化领导权思想研究存在一定程度的忽视。一些研究成果还仅限于布哈林文化领导权思想的某个方面，系统论述布哈林文化领导权思想的专著未见出版，学术成果不够显著。

（3）关于布哈林与葛兰西文化领导权思想的关系研究亟须开展。从现有的相关文献看，2005年邱运华在文章中提出布哈林的文化学说对葛兰西文化霸权理论的形成起到过推动作用，但是对葛兰西与布哈林文化领导权思想的关系研究没有进行详细的展开。笔者于2014年在《重庆工商大学学报（社会科学版）》上发表了《布哈林与葛兰西文化领导权思想比较研究》一文，于2016年在《学术交流》上发表了《论布哈林与葛兰西文化领导权理论的比较及其当代启示》一文，对布哈林与葛兰西文化领导权思想的关系进行了初步探讨，鉴于篇幅有限，没有进行深入的展开。

（4）关于布哈林与葛兰西文化领导权思想比较的当代意蕴尚需进一步研究。当前，我们党提出加强和巩固党对意识形态的领导权的重要方针，提出培育和践行社会主义核心价值观，实施社会主义文化强国战略，推动社会主义文化大发展大繁荣。在这一背景下，有必要深入挖掘马克思主义理论家关于文化领导权思想的深刻内涵和核心要义，紧密结合新时代中国文化领导权建设实际，进一步揭示布哈林与葛兰西文化领导权思想对巩固新时代党对意识形态工作的领导权、管理权、话语权的重要启示和借鉴意义。

1.2 研究的主要内容

1.2.1 研究对象

本书主要研究了布哈林与葛兰西文化领导权思想及其比较，分别具体研究了布哈林与葛兰西关于文化领导权思想的概念及其比较；布哈林与葛兰西文化领导权思想产生的时代背景及其比较；布哈林与葛兰西文化领导权思想产生的理论来源及其比较；布哈林与葛兰西文化领导权思想关于夺取文化领导权的基本内容及其比较；布哈林与葛兰西文化领导权思想比较研究的当代意蕴。

1.2.2 研究框架及具体内容

1. 布哈林与葛兰西关于文化领导权思想的概念及其比较

(1)布哈林对文化领导权相关概念的认识。布哈林所谓的文化领导权，是指在俄国这种落后国家，无产阶级掌握国家政权的前提下，通过发展无产阶级文化的方式独自掌握对国家社会文化领域的领导。

(2)葛兰西对文化领导权相关概念的认识。文化领导权亦称“意识形态领导权”“文化霸权”，与“政治领导权”相对。葛兰西认为，西方社会的“完整国家”是由市民社会和政治社会构成的，国家政权即政治领导权是对政治社会来说的，意味着对警察、法庭、监狱、军队等国家机关的领导，文化领导权则是对市民社会来说的，意味着对民间的学术团体、报社、学校、教会、大众传媒等文化机构的领导。

(3)布哈林与葛兰西关于文化领导权思想的概念比较。葛兰西和布哈林对文化领导权概念的理解基本一致，简单地说，就是通过民众自觉地认同某个政党或政治集团的意识形态，进而在赢得民意的基础上进行统治的方式。

2. 布哈林与葛兰西文化领导权思想产生的时代背景及其比较

(1)布哈林文化领导权思想产生的时代背景。在资本主义世界爆发了第一次、第二次世界大战，为新生的无产阶级政权提供了难得的喘息时机，新诞生的苏维埃国家面临经济、政治、文化等多方面挑战，法西斯主义兴起威胁资本主义文化乃至人类文化。

(2)葛兰西文化领导权思想产生的时代背景。葛兰西提出文化领导权思想的时代是革命与战争的时代，第一次和第二次世界大战接连爆发，俄国十月革命取得胜利，建立了世界上第一个社会主义国家。与此同时，欧洲一些发达资本主义国家也相继爆发了工人武装起义，但是无产阶级革命在欧洲却接连失败。

(3)布哈林与葛兰西文化领导权思想产生的时代背景比较。葛兰西与布哈林出生在同一个时代，提出文化领导权思想也正是革命与战争的年代，都经历了第一次和第二次世界大战，见证了俄国十月革命的胜利和世界上第一个社会主义国家的诞生。不同点在于各自国情和所处的具体环境以及着眼点不同。

3. 布哈林与葛兰西文化领导权思想产生的理论来源及其比较

(1)布哈林文化领导权思想产生的理论来源。布哈林的文化领导权思想产生的理论来源主要是马克思主义和列宁主义相关理论,还受到俄国传统文化以及普列汉诺夫、波格丹诺夫思想的影响。

(2)葛兰西文化领导权思想产生的理论来源。葛兰西的文化领导权思想产生的理论来源主要是马克思主义和列宁主义相关理论,同时还受到意大利传统文化以及拉布里奥拉和克罗齐思想的影响。

(3)布哈林与葛兰西文化领导权思想产生的理论来源比较。葛兰西与布哈林的文化领导权思想都来源于马克思和列宁的思想,都是对马克思主义和列宁主义的继承和发展,当然布哈林与葛兰西的文化领导权思想还受到各自国家传统文化以及一些理论家的思想影响。

4. 布哈林与葛兰西文化领导权思想关于夺取文化领导权的基本内容及其比较

(1)夺取文化领导权的场域比较。布哈林所说的夺取文化领导权的场域是无产阶级掌握国家政权的前提下,除无产阶级文化的原则外,无产阶级文化的粗放性和集约性都比较低的落后的东方国家。葛兰西所说的夺取文化领导权的场域是市民社会比较发达的西方资本主义国家。

(2)夺取文化领导权的策略比较。布哈林提出的夺取文化领导权的策略主要是党的一般领导下的“文化竞赛”策略,葛兰西提出的夺取文化领导权的策略是由“运动战”转向“阵地战”。

(3)夺取文化领导权的主力比较。布哈林提出夺取文化领导权的主力是无产阶级文化干部和拥护无产阶级政权的各阶级知识分子。葛兰西提出夺取文化领导权的主力是有机知识分子。

5. 布哈林与葛兰西文化领导权思想比较研究的当代意蕴

(1)深刻认识文化领导权建设的重大意义。文化领导权建设事关党的前途命运、事关国家政权安全、事关民族凝聚力和向心力。

(2)努力把握文化领导权建设的历史方位。充分认识我国文化领导权建设取得的重大成就,清醒认识我国文化领导权建设面临的重大挑战以及社会主要矛盾的变化在文化领域的表现。

(3)建设强大的社会主义意识形态。要巩固马克思主义在意识形态领域的指导地位,学习贯彻习近平新时代中国特色社会主义思想,培育和弘扬社会主义核心价值观。

(4)加强和创新意识形态阵地建设。要加强传统意识形态阵地的管理,积极营造风清气正的网络空间,努力打造国际传播的"航空母舰"。

(5)打造一支高素质文化干部和知识分子队伍。要加强宣传思想文化工作干部队伍建设,加强哲学社会科学和文艺工作者队伍建设,加强思想政治理论课教师队伍建设。

1.2.3 研究的重点难点

1. 研究重点

(1)布哈林与葛兰西文化领导权思想关于夺取文化领导权的

基本内容比较

①夺取文化领导权的场域比较:东方落后国家的文化状况与西方发达国家的市民社会。

②夺取文化领导权的策略比较:党的一般领导下的“文化竞赛”与由“运动战”转向“阵地战”。

③夺取文化领导权的主力比较:无产阶级文化干部和拥护无产阶级政权的各阶级知识分子与有机知识分子。

(2)布哈林与葛兰西文化领导权思想比较研究的当代意蕴

①深刻认识文化领导权建设的重大意义。

②努力把握文化领导权建设的历史方位。

③建设强大的社会主义意识形态。

④加强和创新意识形态阵地建设。

⑤打造一支高素质文化干部和知识分子队伍。

2. 研究难点

(1)布哈林与葛兰西关于文化领导权思想的概念比较

一方面,布哈林和葛兰西都没有对文化领导权下过一个明确的定义,准确把握布哈林与葛兰西各自语境中的文化领导权概念的深刻内涵,是本书研究的一个难点;另一方面,葛兰西的文化领导权思想研究者众多,为大家所熟知,布哈林的文化领导权思想则研究者甚少。两者的比较研究没有更多的成果借鉴,这也是本书的研究难点。

(2)布哈林与葛兰西文化领导权思想的比较评析

在人物思想研究中,普遍存在如何处理好主观情感与客观事实之间关系的难题,要求研究者做出理性的思考和客观的判断。

①研究布哈林与葛兰西文化领导权思想的基本特色。

②研究布哈林与葛兰西文化领导权思想的历史地位和作用。

③研究布哈林与葛兰西文化领导权思想的异同点与局限性。

1.3 研究的主要目标、基本思路和具体方法

1.3.1 研究的主要目标

1. 深化和拓展对布哈林与葛兰西的研究

学术界对布哈林的研究主要集中在哲学、经济学领域,他的平衡论思想、过渡时期经济学思想等受到学界的普遍重视,但对他的文化领导权思想关注的还不够,研究成果相对较少,存在一定程度的轻视。对葛兰西文化领导权思想的研究成果较多,本书加强对布哈林与葛兰西文化领导权思想的研究,有利于深化和拓展对布哈林与葛兰西的研究。

2. 深化对文化领导权建设规律的认识

布哈林是世界共产主义运动史上较早研究和亲自指导实践无产阶级文化领导权建设的马克思主义理论家,他有着丰富的无产阶级文化领导权建设思想,他的这一思想对推动20世纪20年代苏联文化的繁荣起过重要作用,值得认真研究和深入探讨。葛兰西的文化领导权思想受到学术界的普遍重视和肯定,不少学者都认为葛兰西这一思想是对马克思列宁主义的继承和发展,对西方

马克思主义影响较大,他被认为是西方马克思主义的创立者之一,其思想在马克思主义理论宝库中占有重要位置,具有较高的学术价值。对布哈林和葛兰西文化领导权思想的比较研究,有利于深化对文化领导权建设规律的认识。

3. 为新时代我国文化领导权建设提供借鉴和对策建议

在全面深入把握布哈林和葛兰西文化领导权思想的基础上,结合新时代中国文化领导权建设的实际,深入阐发布哈林与葛兰西文化领导权思想的理论意义和现实意义,可为加强新时代文化领导权建设、实施社会主义文化强国战略和推动社会主义文化大发展大繁荣提供有针对性的对策建议。

1.3.2 研究的基本思路

本书研究主要遵循的思路是:呈现——比较——借鉴。

首先,广泛收集阅读相关文献,深入研究已有学术成果,从总体上把握布哈林与葛兰西文化领导权思想的基本内容。深入分析布哈林与葛兰西文化领导权思想产生的时代背景、理论来源,明确理论发展的核心概念、发展脉络,在此基础上,全面准确呈现布哈林与葛兰西文化领导权思想的基本内容。

其次,对布哈林与葛兰西文化领导权思想进行全面、深入的剖析比较,从核心概念、时代背景、理论来源、基本内容等四个方面进行展开,阐述两者之间的区别与联系,深入挖掘背后的深刻原因,同时,坚持“一分为二”的观点,既要肯定理论的历史地位、作用和贡献,又要实事求是地指出理论存在的局限性。

最后,揭示布哈林与葛兰西文化领导权思想比较研究的当代意蕴。要紧密结合新时代中国文化领导权建设的实际,准确分析和把握新时代中国文化领导权建设取得的重要成就和面临的问题和挑战,充分学习借鉴布哈林与葛兰西文化领导权思想的积极内容,充分阐发其当代价值与现实意义,以期更好地推动新时代我国文化领导权建设。

1.3.3 研究的具体方法

本书在研究过程中综合运用了以下方法。

1. 文献研究法

本书的研究主旨是完整、准确地呈现布哈林和葛兰西的文化领导权思想,而对理论的归纳和把握需要查阅和分析大量的国内外文献资料,其中,要重点研究布哈林和葛兰西的相关著作,认真研读马克思主义经典著作。

2. 比较研究法

比较布哈林与葛兰西以及马克思恩格斯、列宁等文化思想的异同,通过比较分析得出布哈林与葛兰西文化领导权思想的主要观点和基本特色。比较两者在文化领导权思想上的异同,为新时代我国文化领导权建设提供有益启示。

3. 历史研究法

对布哈林、葛兰西所处的时代和历史环境进行分析,梳理布哈林与葛兰西文化领导权思想形成和发展的历史过程，并对其历史作用和局限性做出实事求是的评价。那种超越历史时空、不顾当时当地的具体条件的观点和方法，不符合历史唯物主义的要求。

4. 实证研究法

深入党政机关、传媒单位和农村文化礼堂等开展调查研究，通过事例和经验材料分析，对我国文化领导权建设成就和问题进行分析研究，注重总结我国文化领导权建设的有效做法和新鲜经验，从实践中发掘提出助推我国文化领导权建设的相关对策建议。

1.4 研究的学术价值和应用价值

1.4.1 研究的学术价值

通过本书研究，从马克思主义理论学科视角对葛兰西文化领导权思想进行再研究、再阐发，系统构建了布哈林文化领导权理论和葛兰西的文化领导权理论，深入探讨布哈林与葛兰西文化领导权思想的内在关系，通过比较研究，深入理解和把握两者的核心要义和思想内涵，把握两者之间的区别和联系，提出一系列具有原创性的学术观点。

1.4.2 研究的应用价值

布哈林与葛兰西文化领导权思想都是对马克思主义、列宁主义等相关思想理论的继承和发展,是时代和实践发展的产物,客观上推动了所在国的无产阶级革命和社会主义建设以及世界共产主义运动向前发展。因此,本书努力将布哈林与葛兰西的文化领导权思想同当前我国文化领导权建设实际相结合,努力揭示和阐发两个思想对新时代中国文化领导权建设的重要意义和现实启示。

第2章　布哈林与葛兰西关于文化领导权的概念比较

对文化领导权相关概念的比较,是深入研究布哈林与葛兰西文化领导权思想及其异同比较的重要前提和基础。本章重点研究了布哈林与葛兰西对精神文化、意识形态、文化领导权等相关概念的认识,对布哈林与葛兰西关于文化领导权的概念进行了比较分析,指出了布哈林与葛兰西在文化领导权核心概念上的一致性,也分析了其在具体环境和语境中的差异,为更好地认识和理解文化领导权奠定重要基础。

2.1　布哈林对文化领导权相关概念的认识

2.1.1　布哈林语境中"意识形态"和"精神文化"释义

布哈林在《历史唯物主义理论》一书中给"意识形态"下了一个定义:"所谓社会意识形态,我们将理解为思想、感情或行为准则(规范)的体系。也就是说,这里包括科学的内容……艺术的内容、全部习惯或道德规范等现象。”[①]在该书中，布哈林给“精神文化”也下了一个定义，他说：“‘精神文化’同样也是社会生活的产物，包括在社会的总的生活过程中；因此，要理解它，就必须恰如其分地把它看成这个总的生活过程的一部分。”“在我们面前出现各种社会现象的序列：社会的社会政治制度（它的国家政权机构，阶级、政党的组织，等等）；习惯、法律和道德（社会规范，也就是人们的行为准则）；科学与哲学；宗教、艺术，最后还有语言——人们之间交际的工具。通常所有这些现象，除社会的社会政治制度以外，统称‘精神文化’。”[②]在这里，布哈林明确指出，“精神文化”是除社会政治制度以外的文化现象，精神文化在内容上包括习惯、法律、道德、哲学、科学、宗教、艺术和文学等，它是除社会政治制度（指政治上层建筑）外一切社会生活的创造物，即观念上层建筑，又称意识形态。可见，布哈林语境中的“意识形态”和“精神文化”是一回事，因此，本书所要研究的布哈林文化领导权思想中的“文化”就是精神文化，即意识形态。

2.1.2　布哈林语境中“文化领导权”释义

布哈林在1925年写的《无产阶级和文艺政策问题》一文中明确提出了取得文化领导权的问题。他明确指出：“在资产阶级社会的怀抱中，我们作为一种有组织的政治力量成熟起来，但绝不是作为一种文化力量成熟起来的。由此出现了下述情况：当我们取得

① 布哈林：《历史唯物主义理论（马克思主义社会学通俗教材）》，李光谟译，人民出版社，1983，第243页。

② 布哈林：《历史唯物主义理论（马克思主义社会学通俗教材）》，李光谟译，人民出版社，1983，第169页。

政权时,我们通过自己的斗争和直接的革命变革,我们便夺得了具有历史意义的领导权。我们已经有了这个领导权。我们是在巷战中依靠自己的力量夺得这一领导权的,这一斗争已经做出总结,总结了我们过去的组织工作的成就,政治上的磨炼和政治经验,总结了为进行胜利的革命而必备的一切特点。然而,当我们接触到艺术、科学和其他领域时,我们扪心自问,我们是否已经成熟到可以独掌领导权了呢?我确信,还没有。既然我们还没有成熟,既然我们正处于虽已取得政权,却尚未成熟到可以掌握文化领导权这样一个时期,那么,我们应该提出取得这一领导权的任务……依靠自己的力量在文学和文化等领域中争得社会领导的历史性权力。"①在弄清楚布哈林语境中"意识形态"和"精神文化"基本含义的基础上,我们要进一步研究布哈林所说的"文化领导权"的基本内涵又是什么。应该说,这并非是一个次要的、可以忽略的问题,文化领导权在不同的历史时期其基本内容和阐述的侧重点都有所不同。通过系统研究布哈林的文章、著作中有关文化领导权的论述,可以把握以下几点。

第一,布哈林所要进行的文化领导权建设,其历史时期是无产阶级专政的过渡时期,在苏联主要是指十月革命胜利以后到无产阶级建立和稳固政权这一时期。布哈林说:"关于工人阶级夺取政权后的文化问题,在一定的革命阶段会成为整个革命的中心问题。"②"我们可以说,过渡时期的任务、职能(假如可以这么说的话)、作用正是在于:工人阶级在这个过渡时期成长为一个产生所有这些文化力量的阶级,成熟到一个能够管理社会的阶级;在这以

---

① 布哈林:《布哈林文选(上册)》,人民出版社,1981,第345页。

② 布哈林:《布哈林文选(上册)》,东方出版社,1988,第90页。

后,在全面共产主义的社会里,在无产阶级专政非取消不可的时候,在老的阶级划分的残余消失的时候,阶级也将消亡。”①

第二,布哈林所要进行的文化领导权建设,其主要内容是实现无产阶级的文化原则,提高无产阶级文化的集约性和粗放性。他认为,无产阶级的文化原则虽然高于资产阶级的文化原则,但是,在资本主义社会,无产阶级的文化原则还处在萌芽阶段,还没有完全展开和实现;提高无产阶级文化的集约性,就要大力培养无产阶级的文化干部和知识分子,创造无产阶级的哲学、道德、科学、文学、艺术等,不仅在社会科学领域,而且在其他文化领域都能形成工人阶级的文化精品;提高无产阶级文化的粗放性,就要掌握思想教育等文化机器,推进群众性文化普及与提高,使越来越多的人受到无产阶级文化的影响。

第三,布哈林所要进行的文化领导权建设,其主要目标就是使无产阶级文化尽快成为苏联占统治地位的国家意识形态,无产阶级和劳动群众在文化上成熟起来并真正掌握文化领导权,最终使社会主义文化为创造完整的人和实现人类的统一奠定基础。布哈林说,“无产阶级的统治则不能允许非无产阶级意识形态……如果无产阶级在其专政时期内不逐步掌握一切意识形态阵地,它将失去统治阶级的地位”②,“总的来说,以统治阶级形象和面貌为标准形成起来的文学不可避免地将具有自己的特征”③,“过渡时期的任务、职能(假如可以这么说的话)、作用正是在于:工人阶级在这个过渡时期成长为一个产生所有这些文化力量的阶级,成熟到一

---

① 布哈林:《布哈林文选(上册)》,东方出版社,1988,第92页。

② 布哈林:《布哈林文选(上册)》,东方出版社,1988,第342页。

③ 布哈林:《布哈林文选(上册)》,东方出版社,1988,第339页。

个能够管理社会的阶级”。①

综上所述,如果要给布哈林语境中的“文化领导权”下一个定义的话,笔者认为,可以表述为:文化领导权是与政治领导权相对应的,通过引导广大民众认同某个阶级或政党的意识形态,取得、维护和巩固国家政权的一种统治方式。布哈林语境中的“文化领导权建设”,则是指在苏联无产阶级夺取政权后无产阶级专政的过渡时期,通过大力发展无产阶级文化,使无产阶级和广大劳动群众能够在文化上成熟起来,逐步独自掌握文化领导权,使无产阶级文化成为苏联社会占统治地位的国家意识形态。那么,相应地,布哈林的文化领导权思想可以定义为:布哈林关于苏联无产阶级文化领导权建设的立场、观点、方法、政策、策略和经验等的理论化、系统化的集中表达。

2.2 葛兰西对文化领导权相关概念的认识

葛兰西著名的文化领导权理论主要体现在《狱中札记》一书中,但有的学者指出,综观葛兰西的《狱中札记》以及其他著作,并没有发现葛兰西明确使用“文化领导权”这一概念,甚至也有学者提出,葛兰西也没有将“文化领导权”思想系统化。目前,国内外多数学者将其思想称为“文化领导权”理论,也有不少学者将其称为“文化霸权”理论或“意识形态领导权”理论。为了准确理解和把握葛兰西的文化领导权思想,进而与布哈林同名理论进行比较研

① 布哈林:《布哈林文选(上册)》,东方出版社,1988,第92页。

究，必须首先分析葛兰西语境中的“文化领导权”及其相关概念。

2.2.1　葛兰西语境中“文化”和“意识形态”释义

张岱年和方克立先生在《中国文化概论》一书中认为：“长期以来，人们在使用文化这一概念时，其内涵、外延差异甚大，故文化有广义与狭义之分。”[①]广义的文化一般包括物质文化和精神文化，狭义的文化一般是指精神文化即意识形态。葛兰西在《社会主义与文化》一文中指出：“文化不是百科全书式的知识，文化人也不是塞满了经验主义的材料和一大堆不连贯的原始事实的容器。文化不是这种东西，它是一个人内心的组织和陶冶，一种同人们自身的个性的妥协；文化是达到一种更高的自觉境界，人们借助于它懂得自己的历史价值，懂得自己在生活中的作用，以及自己的权利和义务。但是，这些东西的产生都不可能通过自发的演变，通过不依赖于人们自身意志的一系列作用和反作用，如同动物界和植物界的情况一样，在那里每一个品种都是不自觉地，通过一种宿命的自然法则被选择出来，并且确定了自己特有的机体。”[②]从这里可以看出，虽然葛兰西没有对文化下一个明确的定义，但是，上述内容却反映出他对文化的认识和理解深受马克思主义的影响，指出了文化“不依赖于人们自身意志”，而是“如同动物界和植物界的情况一样”，肯定了文化来源的物质性，指出了文化使人“借助于它懂得自己的历史价值，懂得自己在生活中的作用，以及自己的权利和义

① 张岱年、方克立：《中国文化概论》，教育部高教司组编，北京师范大学出版社，2004，第 3－5 页。

② 葛兰西：《葛兰西文选》，中共中央编译局译，人民出版社，1992，第 237－238 页。

务”的作用和反作用，强调文化是“一个人内心的组织和陶冶”“达到一种更高的自觉境界”[①]，这些具有浓厚道德和伦理色彩的表述，说明了葛兰西语境中的“文化”是文化结构中的精神层面，即“精神文化”，葛兰西对文化的这一看法也被他后来的革命实践所证实。

葛兰西对“意识形态”一词的理解深受马克思、列宁的影响。马克思通常是在否定性的意义上使用“意识形态”概念的，强调意识形态是为统治阶级服务的，具有鲜明的阶级性，马克思批判资产阶级为维护统治，将自己的意识形态描绘成永恒真理，把“暂时的历史性的关系夸大成永久的自然规律和理性规律”[②]。马克思认为在阶级社会，统治阶级意识形态具有虚假性，他指出：“每一个企图取代旧的统治阶级的新阶级，为了达到自己的目的而不得不把自己的利益说成是社会全体成员的共同利益。”[③]列宁根据无产阶级革命斗争的现实需要，不是在一般意义上谈论意识形态的虚假性，肯定了意识形态在革命斗争中的积极意义，他指出：“没有革命的理论，就不会有革命的运动。”[④]葛兰西继承了马克思和列宁对意识形态的基本观点，提出意识形态是“一种在艺术、法律、经济行为和所有个体的及机体的生活中含蓄地表现出来的世界观”，“这种世界观分布在哲学、宗教、常识和民间传说各个层次的意识形式当中”[⑤]。从中可以看出，葛兰西所谓的意识形态是观念上层建筑，它的本质是统治阶级的思想，具有强烈的阶级性。

① 葛兰西：《葛兰西文选》，中共中央编译局译，人民出版社，1992，第 237 – 238 页。
② 马克思、恩格斯：《马克思恩格斯文集（第 4 卷）》，人民出版社，2009，第 485 页。
③ 马克思、恩格斯：《马克思恩格斯文集（第 4 卷）》，人民出版社，2009，第 552 页。
④ 列宁：《列宁选集（第 1 卷）》，人民出版社，1995，第 311 页。
⑤ 孟登迎：《意识形态与主体建构》，中国社会科学出版社，2002，第 95 – 96 页。

通过上述对葛兰西语境中的“文化”和“意识形态”的概念释义和分析比较，我们可以得出这样的结论：葛兰西语境中“文化”实际上就是指“精神文化”，而“精神文化”与葛兰西对“意识形态”概念的理解是完全一致的，可以肯定地说，葛兰西语境中的“文化”其本质就是“意识形态”。这就不难理解国内外不少学者将葛兰西的“文化领导权思想”又称为“意识形态领导权理论”。

2.2.2　葛兰西语境中“文化领导权”释义

理解和把握葛兰西语境中的“文化领导权”概念的深刻内涵，是我们研究葛兰西文化领导权思想的基本前提。有学者提出，葛兰西没有对“文化领导权”下过一个明确的定义，使得后来的学者在研究他的思想的过程中，关于文化领导权有不同的概念解读。

英国学者戴维·麦克莱伦认为：“葛兰西吸取了他在都灵工厂委员会运动中的经验，扩大了领导权的概念，即把对统治阶级取得下属集团认可自己统治方法的分析也包括进去。”“特别是资本主义的世界观已经长期渗透在社会中的西方，夺取意识形态领导权的斗争有时至关重要。葛兰西已经意识到，如果不具备那些已掌握经济、政治权力的人所拥有的全部手段，这一斗争是异常艰难的：因而，有时他暗示，要造就一支有组织的工人阶级知识分子队伍，否则市民社会的领导权只有夺取政权以后才能获得。”[1]这表明：葛兰西所说的文化领导权实质就是被统治阶级认可的统治阶级及其统治的方式。

① 戴维·麦克莱伦：《马克思以后的马克思主义》，中国人民大学出版社，2004，第 206－209 页。

国内学者也从不同角度对文化领导权进行了诠释。潘西华和赵军认为,葛兰西更注重无产阶级文化领导权的夺取与巩固,更注重无产阶级自身无产阶级“自觉”的培育。[①] 刘莘从西方文化主义转向中解读文化领导权,认为西方马克思主义片面抽象地发展了葛兰西思想的某些方面,把葛兰西文化领导权思想从其总体性战略中割裂出来,把他的文化战略等同于政治战略,进而取代政治战略,这种转向在整体上偏离了葛兰西的思想。[②] 仰海峰认为葛兰西的贡献在于通过霸权概念揭示了统治阶级在意识形态上吸收了对抗阶级的意识形态内容,因此现代意识形态的领导权是以吸收合乎被统治阶级要求的意识为重要媒介的。[③] 俞吾金认为,葛兰西所说的文化领导权其实质是一种教育关系,而先进知识分子在其中发挥了极其重要的作用。

综上所述,在笔者看来,葛兰西语境中的“文化领导权”,区别于某个阶级或政治集团依靠暴力机关在政治上的强制统治,是一种思想文化的引领,实质上是一种思想观念的社会关系,即某一阶级或社会集团的意识形态在社会的精神文化领域中占支配地位而体现出的一种统治力、凝聚力和影响力。

---

① 潘西华、赵军:《从“政治领导权”到“文化领导权”——列宁与葛兰西无产阶级领导权思想的比较》,《科学社会主义》,2009 年第 6 期。

② 刘莘:《葛兰西:文化领导权及其诠释》,《探索》2007 年第 2 期。

③ 仰海峰:《为何重读葛兰西》,《中国图书评论》2008 年第 1 期。

2.3　布哈林与葛兰西对文化领导权相关概念的认识异同

通过上文对布哈林和葛兰西关于文化领导权的概念的分析研究，可以得出这样一个结论，布哈林和葛兰西都站在马克思主义的立场上，坚持了马克思主义关于文化和意识形态的基本观点，他们各自语境中的“文化”就是指“精神文化”，即观念上层建筑，也就是说，布哈林和葛兰西语境中的“文化”和“意识形态”的概念内涵是完全一致的。在此基础上，笔者对布哈林和葛兰西语境中的“文化领导权”进行了分析比较，认为两者对“文化领导权”的核心内涵的认识是基本一致的，简单地说，文化领导权就是有别于传统的政治力量依靠暴力机关进行的政治领导或政治统治，通过大力发展和增强某个政党或政治集团的意识形态，使民众自觉地认同该政党或政治集团的意识形态，进而在赢得民意的基础上进行统治的方式。

具体的历史环境的差异等因素，使得布哈林和葛兰西在对文化领导权的核心内涵的认识基本一致的情况下，在具体的语境表述和实践活动中有所侧重和不同。这主要表现在以下几点。

一是取得文化领导权的历史时期。布哈林提出的取得文化领导权是指在无产阶级革命取得胜利以后，由于无产阶级自身文化落后，在无产阶级专政的过渡时期逐步掌握文化领导权。葛兰西则是在资产阶级统治时期，由于西方国家市民社会的发达，而提出一种不同于以往主要是暴力革命论的全新的革命战略，提出在无产阶级没有取得国家政权的情况下逐步掌握文化领导权，进而掌握国家政权。

二是取得文化领导权的具体环境和场域。布哈林是在苏联即世界上第一个社会主义国家内部，也是一个所谓市民社会比较落后的东方国家，进行取得文化领导权的系列活动。葛兰西则是植根于西方特别是意大利的文化传统，同时鉴于俄国无产阶级革命的成功和欧洲无产阶级革命的失败的经验教训，主张在资本主义国家内部，一个市民社会比较发达的西方国家，开展夺取文化领导权的斗争。

三是与政治领导权的关系。政治领导权即国家政权，是对政治社会来说的，意谓对军队、警察、法庭、监狱等国家政权机关的领导；文化领导权则是对市民社会来说的，意谓对大众传媒、民间的学术团体、报社、学校、教会等文化机构的领导。布哈林和葛兰西语境中的“文化领导权”都是与“政治领导权”相对的。布哈林语境中的“文化领导权”是在无产阶级取得政治领导权的前提下，借助政治领导权发展无产阶级文化进而独自掌握对国家社会文化领域的领导。葛兰西语境中的“文化领导权”是在无产阶级没有取得政治领导权的情况下，提出的一整套不同于马克思主义暴力革命论的无产阶级革命理论，核心问题就是通过意识形态斗争，逐步使无产阶级夺取文化领导权，进而获得对整个国家的领导，突出强调了文化和意识形态在革命中的决定性作用。

2.4　本章小结

本章重点探讨了布哈林和葛兰西对文化领导权相关概念的认识及其异同。布哈林语境中的“意识形态”和“精神文化”是一回事,布哈林文化领导权思想中的“文化”就是精神文化,即意识形态。葛兰西语境中的“文化”实际上就是指“精神文化”,而“精神文化”与葛兰西对“意识形态”概念的理解是完全一致的。布哈林语境中的“文化领导权”是与政治领导权相对应的,即通过引导广大民众认同某个阶级或政党的意识形态,取得、维护和巩固国家政权的一种统治方式。葛兰西语境中的“文化领导权”,区别于某个阶级或政治集团依靠暴力机关在政治上的强制统治,是一种思想文化的引领,实质上是一种思想观念的社会关系,即某一阶级或社会集团的意识形态在社会的精神领域中占支配地位而体现出的一种统治力、凝聚力和影响力。由此可见,布哈林和葛兰西都站在马克思主义的立场上,坚持了马克思主义关于文化和意识形态的基本观点,他们各自语境中的“文化”就是指“精神文化”,即观念上层建筑,他们对“文化”和“意识形态”的概念内涵的认识是完全一致的。布哈林和葛兰西对“文化领导权”的核心内涵的认识是基本一致的,两者的区别主要是取得文化领导权的历史时期、具体环境和场域,以及与政治领导权的关系不同。

第3章 布哈林与葛兰西文化领导权思想产生的时代背景比较

时代是思想之母,实践是理论之源。任何一种思想理论都是在一定的时代背景下产生和发展的,都受到一定的时代条件的影响和制约,布哈林与葛兰西的文化领导权思想同样是时代的产物。对布哈林与葛兰西文化领导权思想产生的时代背景进行分析比较,能使我们更好地把握他们的思想理论产生和发展的条件和过程,为深入比较研究布哈林与葛兰西的文化领导权思想奠定重要基础。

3.1 布哈林文化领导权思想产生的时代背景

布哈林文化领导权思想产生的时代背景,既包括国际背景也包括国内背景。在国际背景方面,资本主义从自由竞争阶段发展到垄断阶段,帝国主义国家之间矛盾的激化引发了帝国主义战争和资本主义全面危机。从第一次世界大战结束到第二次世界大战爆发这一时期,是苏联国内国际相对和平的时期,为国内开展文化领导权建设赢得了良好的外部环境和条件。与此同时,资本主义世界爆发了史上最为严重的一次经济危机,相应地也产生了思想文化和价值观危机，这为无产阶级文化的生产和传播、取得文化领导权增添了动力、创造了难得的历史机遇。在国内背景方面，新诞生的苏维埃政权面临着政治、经济、文化的多重挑战，迫切需要发展无产阶级文化、取得无产阶级的文化领导权，这对布哈林文化领导权思想的产生提出了现实需求。

3.1.1　帝国主义时代和资本主义全面危机

1. 垄断资本主义的形成与帝国主义时代

19 世纪末，第二次工业革命极大地促进了资本主义社会生产力的发展，相应的资本主义生产关系也进行了部分调整，资本主义由自由竞争阶段发展到了垄断阶段，主要发达资本主义国家进入帝国主义时代。但是，列宁敏锐地揭示了帝国主义国家政治经济发展的不平衡规律，新兴的资本主义国家同老牌资本主义国家的经济、政治、军事力量的对比发生了明显变化，但是原有的世界殖民体系和国际秩序却没有反映这种变化，这就必然导致“重新瓜分世界”的帝国主义战争。与此同时，资本主义列强和殖民地以及附属国之间的矛盾也进一步激化，世界民族解放运动风起云涌。资本主义国家内部资产阶级与无产阶级和人民群众之间的矛盾越来越尖锐，特别是俄国的资本主义生产关系同经济和政治制度方面极端严重的封建农奴制残余交织在一起，使俄国成为帝国主义链条中最薄弱的一环，最终爆发了二月革命和十月革命。这一时期，布哈林积极关注和研究资本主义新变化，撰写了《世界经济和帝国主义》一书，分析了世界资本主义和金融资本的发展趋势，指出帝国主义国家之间矛盾的激化将使经济的竞争转变为战争，预示着无产阶级社会主义革命的客观条件的成熟。这是先于列宁研究帝国主义的著作,列宁给予该书很高的评价,认为"布哈林这本书的科学意义特别在于:他考察了世界经济中有关帝国主义的基本事实,他把帝国主义看成一个整体,看成极其发达的资本主义的一定的发展阶段"。不久,布哈林又完成了《帝国主义国家理论》一书的手稿,进一步阐述了帝国主义国家政权的实质,在社会主义者中产生了较大的影响。布哈林积极参加共产国际的工作,担任共产国际执委会的委员、主席团成员、书记处书记等职务,起草了许多重要文件,指导和帮助了许多国家开展民族民主革命,积极同帝国主义和法西斯主义进行斗争。

2. 法西斯主义的兴起与资本主义危机

20 世纪 30 年代,资本主义世界爆发了有史以来最为严重的一次经济危机,进而演变成资本主义世界的全面危机。为了摆脱危机,意大利、日本、匈牙利、保加利亚、德国等国先后走上了法西斯主义道路。布哈林在《社会主义及其文化》一书中认为法西斯主义在本质上是资本主义的一个变种,是资本主义为了摆脱困境的"自我救赎"。但是,法西斯主义不仅没能使资本主义摆脱危机,反而加剧了这种危机,给全人类带来了深重的灾难。布哈林分析和论述了资本主义危机的表现:"在经济领域,我们看到技术高速进步思想危机——极力以阻碍技术发展的思想来代替技术高速进步的思想;提出'重新农业化'、回到土地上去以取代工业化方向;原先对世界市场的崇拜变成了对新的重商主义和经济孤立主义的宣传;'经济力量的自由竞赛'与'自由放任'方式被粗暴地代之以国家的严格规定的口号;经济个人主义、对个人首创精神的辩护让位于对促使垄断化和民族主义的国家主义的政权的赞美；服从‘不可避免的自然规律’的思想被政治强权和强制思想所取代。”“至于政治生活，我们正面临民主自由国家的危机，这一危机是同资本主义的危机状态直接联系着的。由此产生了法西斯主义，也由此产生了法西斯帮会国家的整个意识形态、极权思想、帮会等级的实行、‘恺撒主义’、鼓吹生活军事化、军国主义的思维，等等。”①

法西斯主义兴起还严重加剧了资本主义文化的危机，资本主义所标榜的民主、自由、人权等价值观纷纷破产，这促使人们探寻人类文化发展的出路。布哈林敏锐地观察到这一点，对此有过重要论述：“这种‘意识形态活动’，同样是与资本主义经济制度的危机和在此基础上发展起来的各种社会力量的斗争联系在一起的。”“在更高的概括性的意识形态体系方面，我们正经历进步思想的危机，这种危机表现在技术进步思想危机和资本家中间的悲观情绪；我们正经历‘独立的个人’思想的危机，以普遍军营思想来取代它；我们正经历整个基督教的自由主义人道主义意识形态的危机，在传播法西斯国家的‘种族主义理论’‘新偶像崇拜’‘公开的兽行宣传’。”“我们正经受着法律平等思想的危机，我们看到，正代之以永恒的等级制。”“我们正经历‘法律’危机，到处崇尚‘暴力’‘威力’等；正经历理性认识思想的危机，到处崇尚‘本能’‘血的呼声’‘下意识’‘直觉’等；我们正经历理智的危机，‘唯意识论’、特殊形式的‘积极化’、‘弥赛亚说’、社会神话之类盛行。”②在这种情况下，资本主义文化价值的虚伪性暴露无遗，资本主义意识形态的吸引力和影响力受到前所未有的冲击，探索人类文化的新道路是当

① 布哈林：《当代文化的基本问题》，载《社会主义及其文化》，重庆出版社，1995，第227－228页。
② 布哈林：《当代文化的基本问题》，载《社会主义及其文化》，重庆出版社，1995，第228页。

时有识之士所关心的重要课题，这同样也引起了布哈林的关注和思考。

3.1.2 苏联社会主义建设的成就和挑战

1. 苏联社会主义建设的成就

俄国十月革命胜利，无产阶级破天荒地成为国家的主人，建立了世界上第一个社会主义国家——苏联，开辟了人类发展的新纪元。从第一次世界大战结束到第二次世界大战开始，虽然世界局部地区战争不断，但是各主要大国保持了某种力量平衡，世界总体上处于和平稳定时期，为苏联开展大规模的社会主义建设创造了难得的外部环境。事实上，新建立的苏维埃政权签署了《布列斯特和约》，提前一年退出了第一次世界大战，在第二次世界大战开始两年后，苏联才被迫参加战争，因此，苏联实际上和平建设时间比其他主要大国还要长。苏联利用这长达十多年的历史机遇期，先后实施了战时共产主义政策、新经济政策，完整实施了第一个和第二个五年计划，苏联的综合国力和国际影响力显著提升，取得了社会主义建设的巨大成就。这一时期，布哈林积极参加保卫新政权和社会主义建设的斗争。1919 年，他与普列奥布拉任斯基合写了《共产主义 ABC》一书，通俗地阐述了科学社会主义的基本原理。1920 年，他完成了《过渡时期经济学》一书，分析了资本主义社会转变到社会主义社会的主要经济规律，探讨了过渡时期的基本特征。列宁对此书做了详细的评注，从总体上给予了很高的评价，称之为“辉煌的作品”。1921 年，苏联从战时共产主义政策过渡到新经济政策，布哈林的思想发生了很大变化，站在列宁一边，积极拥护列宁的新经济政策，并且从理论上阐述了在俄国这样一个经济落后、小农经济占优势的国家建设社会主义的道路和方法，提出了"和平长入社会主义""通过市场关系走向社会主义"等许多重要观点。列宁逝世后，布哈林成为新经济政策的坚定拥护者和继承者。同时，布哈林还长期担任《真理报》主编，分管苏联的意识形态建设，提出了一系列苏联社会主义文化建设的方针政策，促进了 20 世纪 20 年代苏联文化的繁荣发展。

2. 苏联社会主义建设的挑战

苏联社会主义建设取得了巨大成就，但是，新建立的无产阶级政权很不稳固，面临着政治、经济和文化建设的困境和挑战。这主要表现在以下几点。

（1）新兴的无产阶级政权存在蜕化变质的危险

俄国十月革命胜利以后，无产阶级及其政党——布尔什维克党掌握了国家政权，建立了世界上第一个社会主义国家，但是，新兴的无产阶级政权面临内忧外患，政权极不稳固，存在蜕化变质的危险，这种危险主要表现在以下几个方面。

第一，由于无产阶级本身文化水平比较低，缺乏管理国家和社会的能力和经验，因此"将要不可避免地做出很多错事，显得十分笨拙，而且在一切领域里都会这样"①。所以，必须进行社会主义文化建设以提高国家统治阶级——工人阶级的文化水平，使无产阶级逐步成为一个在文化上成熟起来的阶级，一个逐步独立掌握文化领导权的阶级，从而更好地管理和建设苏维埃俄国。

① 布哈林：《布哈林文选（上册）》，东方出版社，1988，第 90 页。

第二，在无产阶级文化水平较低的情况下，为了促进国家政权的有效运转，无产阶级不得不同旧知识分子合作。以“路标转换派”为代表的俄国旧知识分子表面上支持苏维埃政权，背后的企图是“逐渐钻进苏维埃肌体的毛孔里去，参加苏维埃建设的机构，在那些机构里到处安插自己的人，缓慢地但是坚韧不拔和牢固地改变苏维埃国家的构成，正像路标转换派的一个著名代表人物所说的那样，依靠微小的内部变化，通过一再用新的人代替来改变苏维埃机构的构成，使共产主义政权的全部政策‘遭逢妨碍而陷于失败’”。[1] 在这种情况下，要大力培养无产阶级自己的文化干部和知识分子，逐步地替代旧干部、旧职员、旧知识分子，以无产阶级的先进文化为指引，从而保证社会主义革命和建设事业沿着正确的方向前进。

第三，无产阶级政权建立以后，无产阶级中的一部分人，先接受教育及高等教育，然后利用职权等有利条件，使接受教育的只是第一批人的子女亲友，久而久之，容易导致新的教育垄断，逐渐形成一个排他性的集团，最终蜕化为一个新阶级，无产阶级政权也随之变质。为此，要反对新的教育垄断，有效方法就是做好文化提高的同时，加大群众性文化教育普及的力度，积极制定保证全体人民都有接受文化教育权利的政策。

第四，随着无产阶级专政的建立和发展，在苏联的党政机关中已经滋长出了官僚主义习气，蔓延着特权思想。除了受到落后阶级的腐朽思想的影响外，列宁和布哈林都将这种官僚主义现象出现的原因，归结于掌握国家政权的工人阶级在文化水平上的落后，布哈林重复列宁的话说：“我们清楚地知道，这种文化落后性怎样

① 布哈林：《无产阶级革命和文化》，载《社会主义及其文化》，重庆出版社，2015，第 182 页。

贬低了苏维埃政权并使官僚主义复活。”①

第五，苏联的无产阶级专政是一个过渡的政权形式，起初，苏联的主要领导人都持有一种观点，即无产阶级专政的过渡时期是很短的，认为实现共产主义的目标不是遥远未来的事情，因此，要研究和讨论的是无阶级差别之后的全人类文化的建设，而不是无产阶级文化之类的阶级文化。但是，随着社会主义建设事业的推进和发展，这种过渡期已非革命初期所估计的那样短暂，相反，它将是一个长期的历史过程。因此，在国家消失之前，苏联的无产阶级及其政党有足够的时间进行无产阶级政权建设，当然，也有足够的时间和必要性加强无产阶级文化建设。

第六，苏联的无产阶级政权面临外国资本主义国家的入侵和本国反动势力的叛乱。新兴的无产阶级政权面临资本主义国家的包围，存在被帝国主义和法西斯主义国家入侵和颠覆的危险。1918 年，英、法、日、美等协约国为扼杀新生的苏维埃俄国，对俄国进行武装干涉。德国和土耳其违反《布列斯特和约》，也发动战争，入侵俄国。与此同时，俄国国内也发生了反动势力的叛乱，克拉斯诺夫、邓尼金、高尔察克、尤登尼奇等反革命集团在外国势力的扶持下，趁机在俄国各地成立傀儡政权，发动反对苏维埃政权的武装叛乱。虽然国外武装干涉和国内武装叛乱很快被平定下去，但苏维埃俄国仍然面临被颠覆的危险，这就提出了大力发展科学技术和教育文化，以增强国家自我保卫能力的要求。

(2)存在俄国无产阶级革命的耗费与新旧经济政策的影响

俄国十月革命胜利以后，无产阶级由于文化水平的落后，没有掌握文化领导权，导致无产阶级革命的耗费和额外耗费，战时共产

① 布哈林:《布哈林文选(中册)》，东方出版社，1988，第 249 页。

主义政策和新经济政策产生的一定的社会负面影响，使苏联的经济建设面临严峻的挑战，这种挑战主要表现在以下几个方面。

第一，无产阶级革命造成了“革命的耗费”，在俄国还产生了“额外耗费”。“革命的耗费”是指任何革命都会对经济社会造成一定的冲击，任何社会都将为革命运动付出一定的代价。俄国十月革命的胜利具有划时代的历史意义，但不可否认，俄国的国民经济和社会为此付出了一定的代价，由于俄国无产阶级文化水平落后，一些旧干部、旧知识分子存在敌视抵触和消极怠工的现象，使得俄国的革命耗费比任何一个资本主义国家的都要大，因此产生了“额外耗费”。此外，无产阶级文化水平的落后，在一定程度上也制约了经济建设活动。布哈林指出：“在我们的基本建设工作中有一系列巨大的缺点：有失算和疏忽，有大量糟糕的设计方案等，归根到底，这是我们的文化问题；我们的建筑造价太贵，因为我们的材料贵，因为我们采用过时的技术方法。城乡机关的恶劣工作与此联系。由于我们不够文明，我们常常在直接生产方面大吃苦头。”[①]为此，必须大力发展科学技术和文化教育，提高工人阶级和劳动群众的文化水平，迅速恢复和发展国民经济，将“革命的耗费”降到最低限度。

第二，战时共产主义政策发挥积极作用的同时，也产生了消极影响。苏俄在1918年至1920年国内战争时期实行了战时共产主义政策，又称“军事共产主义政策”，该政策的主要内容是国内贸易国有化、余粮收集制、实物配给制、劳动义务制和全部工业国有化。通过实行战时共产主义政策能够在较短时间内集中全国的物质、

① 布哈林：《布哈林文选（中册）》，人民出版社，1981，第253页。

人力等资源，为赢得战争的胜利提供重要保障。但是，这种政策的延续与和平时期社会主义经济发展规律的不适应性日益暴露出来，并引发了喀琅施塔得水兵叛乱等社会动荡。虽然战时共产主义政策很快被废止，但是，相当一部分布尔什维克党的领导人、干部和群众对战时共产主义政策留恋不已，对推行新的经济政策不理解甚至有抵触的情绪。列宁曾一度想通过实行战时共产主义政策通往社会主义，布哈林在这一时期也撰写了《过渡时期经济学》一书，运用平衡论的观点，为战时共产主义政策作论证，主张取消商品生产。当然，对这一片面观点，后来布哈林经过“反思”加以扬弃。这也表明，要提高无产阶级文化和理论研究水平，并武装广大的人民群众，努力澄清一些人思想中的错误认识。

第三，新经济政策在艰难中推行。苏俄的战时共产主义政策，带来了一系列消极影响，引起了人民群众的不满。列宁经过充分的调查研究，在 1921 年废止了战时共产主义政策，施行新经济政策。这一政策的主要内容包括用粮食税代替余粮收集制，允许自由贸易，恢复商品流通和商品交换，部分恢复私营经济，把一些企业租给外国资本家，等等，其实质是利用市场和商品货币关系发展经济。在新经济政策允许下，资本主义的生产关系在客观上得以恢复和发展。这种现象遭到了一些党员干部和群众的质疑和反对，不少人担心资本主义将在苏联复辟。因此，提高各级党员干部和广大人民群众对新经济政策的科学性、必要性的认识，防范潜在的资产阶级文化的产生和渗透影响，维护共产主义理想信念的纯洁性和坚定性，要求大力发展无产阶级文化，加强文化领导权建设。

(3) 俄国无产阶级文化的落后提出取得文化领导权的任务

沙皇俄国是一个以农奴制为基础的专制国家，由于经济社会比较落后，是帝国主义链条中最薄弱的一环。十月革命胜利后，无产阶级及其政党夺取了国家政权，即掌握了政治领导权，但是，由于无产阶级文化水平落后，尚未取得或独立掌握文化领导权，这使新兴的苏维埃俄国在文化上面临着严峻的挑战，这种挑战主要表现在以下几个方面。

第一，广大群众文化落后制约社会发展的历史进程。沙皇俄国是帝国主义链条上最薄弱的一环，无产阶级革命虽然可以在经济文化落后的俄国取得胜利，但是社会主义和共产主义是不可能在经济文化落后的基础上实现的。当时，苏维埃俄国广大的工人、农民和一般群众还处在文盲或半文盲状态，严重制约了经济社会的发展和国家政权的巩固，在这种情况下，俄国布尔什维克党提出要大力推动群众性文化普及，把扫盲和普及读书、识字、看报、饭前要洗手等基本的文化知识看作革命初期文化建设的重中之重。

第二，提出了掌握无产阶级文化领导权的任务。十月革命胜利，布尔什维克党夺取了国家政权即政治领导权，但是，还没有取得或独自掌握文化领导权。对此，很多党的干部、知识分子和革命群众提出取得无产阶级文化领导权的任务。一方面，俄国的无产阶级由于自身文化水平的落后，还没有成熟到可以夺取文化领导权；另一方面，文化领导权的取得有其客观的特殊规律。不能通过暴力革命的方式，也不能依靠国家政权的行政干预，只能通过大力发展无产阶级文化，通过公开争论和自由竞赛的方式，取得这一历史性的权力。

第三，文化领域“左”的思潮对文化建设的干扰。20 世纪 20 年代初，苏联文化界出现了以波格丹诺夫、普列特尼约夫为代表的“无产阶级文化派”，他们以马赫主义为指导，以无产阶级文化协会为据点，拒绝同人类文化遗产发生任何联系，大搞文化虚无主义，企图通过意识形态实验的方法臆造出纯粹的无产阶级文化。列宁对此严正指出："这是伪造历史唯物主义！玩弄历史唯物主义！"[①] 无产阶级文化派衰落后，代之而起的是"岗位派"，他们主要由一些退伍的青年军人构成，以创造无产阶级文化为己任，盲目估计无产阶级文化的成就，粗暴对待非无产阶级知识分子，主张在文化领域开展阶级斗争，要求党对文化实行专政，并提出以他们所领导的全俄无产阶级作家协会（拉普）充当专政的工具，觊觎文化领域的领导权。"无产阶级文化派"和"岗位派"的出现造成了苏联思想文化领域的混乱，引发了一场关于无产阶级文化和党的文化政策的大讨论。布尔什维克党亟须纠正这一"左"的文化思潮，制定正确的文化建设的总路线和总政策，将苏联的文化领导权建设引向正确的轨道。

第四，把进行文化革命摆在更加突出的位置。列宁晚年提出了文化革命的思想主张，并将和平组织文化建设看作党和苏维埃政府的中心工作。正如列宁所说："我们深深知道，俄国文化不发达是什么意思，它对苏维埃政权有什么影响；苏维埃政权在原则上实行了高得无比的无产阶级民主，对全世界做出实行这种民主的榜样，可是这种文化上的落后性却限制了苏维埃政权的作用并使官僚制度复活。"这种弊病，"仅靠军事胜利和政治改革是无法治好的，只有用提高文化的办法才能治好"[②]。

① 列宁：《列宁全集（第 52 卷）》，人民出版社，1988，第 495－496 页。
② 列宁：《列宁选集（第 3 卷）》，人民出版社，1972，第 784－785 页。

3.2 葛兰西文化领导权思想产生的时代背景

葛兰西文化领导权思想产生的时代背景，包括国际背景和国内背景两个方面。在国际背景方面，资本主义发展到垄断资本主义阶段，由于资本主义制度固有矛盾和资本主义经济政治发展不平衡，引发了世界性的经济危机，导致了帝国主义战争爆发和法西斯主义兴起，进而引发了资本主义世界经济、政治、文化的全面危机。在国内背景方面，资本主义世界危机促使无产阶级革命和民族解放战争如火如荼，意大利也爆发了反对法西斯独裁统治的武装起义，但是，欧洲无产阶级革命相继失败，这促使葛兰西深入思考欧洲无产阶级革命失败的原因和进行欧洲无产阶级革命斗争的策略。

3.2.1 帝国主义的形成和法西斯主义的兴起

1. 资本主义发展到垄断资本主义阶段

发源于欧洲的资本主义经过几个世纪的扩张，逐步建立起在全球居支配地位的资本主义世界体系。随着第二次工业革命的进行，生产力急剧提高，主要资本主义国家完成了资本原始积累，行业竞争日益白热化，到 19 世纪六七十年代，资本主义的自由竞争已发展到了顶点，资本和生产加速集中，中小企业纷纷破产，企业整合兼并加剧，经过大范围的残酷竞争和淘汰，到 19 世纪末 20 世纪初，一些主要资本主义国家其国内主要行业被一家或者几家超级企业控制，垄断取代自由竞争，资本主义进入了垄断资本主义时期。垄断资本主义即帝国主义是资本主义发展的最高阶段,是适应生产高度社会化而产生的资本社会化形式,是在维护资本主义生产资料私有制的前提下,对资本主义生产关系的阶段性调整。在垄断资本主义的发展过程中,又出现了部分质的变化,从私人垄断资本主义转变为国家垄断资本主义。葛兰西正是生活在自由资本主义向垄断资本主义过渡以及垄断资本主义形成和发展的时期,他的文化领导权思想也是在这一历史时期形成和发展起来的。

2. 资本主义经济政治发展不平衡与帝国主义战争

资本主义由自由竞争阶段向垄断阶段过渡,促进了资本主义进入一个新的发展阶段。但是,在垄断资本主义时期,垄断资本家为了争夺商品销售市场、原材料产地、投资场所,必然在经济上分割世界,争夺世界霸权。列宁指出,由于资本主义发展到垄断资本主义阶段,政治经济发展的不平衡已经成为资本主义发展的绝对规律。这一规律导致新旧殖民主义矛盾激化,为重新瓜分世界和争夺全球霸权爆发了一场世界级的帝国主义战争。德意志帝国、奥匈帝国、奥斯曼帝国、保加利亚等组成了同盟国阵营,英国、法国、俄罗斯、意大利和美国则组成了协约国阵营。这场战争大约有 6500 万人参战,1000 多万人丧生,2000 万人受伤,对人类造成了巨大的物质和精神上的损害。第一次世界大战严重削弱了英国、法国和意大利等帝国主义的力量,摧毁了俄罗斯帝国、德意志帝国、奥匈帝国等封建帝国,奥斯曼帝国也宣告解体。战争后期,俄国的无产阶级在帝国主义的链条上打开了薄弱的一环,取得了十月革命的胜利。战后初期,资本主义国家的无产阶级革命运动和亚、非、拉美的民族解放运动出现了高涨的新局面。意大利的革命运动也空前高涨,工人和农民决心要走“俄国人道路”。葛兰西积极响应了列宁提出的“变帝国主义战争为国内战争”的口号,发动都灵工人举行反战武装起义,在工人群众中拥有较高的威望。

3. 资本主义基本矛盾的尖锐化与资本主义经济危机

马克思指出,资本主义经济危机的根源是资本主义基本矛盾,具体表现为:个别企业内部生产的有组织性和整个社会生产的无政府状态之间的矛盾,资本主义生产无限扩大的趋势同劳动人民支付能力的需求相对缩小的矛盾。垄断资本主义国家掀起了重新瓜分世界领土的狂潮,资本主义国家各国内部及各国之间多种矛盾尖锐冲突,终于导致第一次世界大战的爆发,这场战争造成了严重的经济损失和精神伤害,深刻震撼了资本主义世界。但是,第一次世界大战以后,资本主义基本矛盾并未得到根本解决,反而更加尖锐,终于在 1929 年爆发了资本主义世界范围的经济危机。这次经济危机有三个主要特点:一是涉及范围特别广,影响到整个资本主义世界,造成工业、农业、商业和金融等产生的危机;二是持续时间比较长,从 1929 年到 1933 年,前后共 5 个年头;三是破坏性特别大,1933 年与 1929 年相比,整个资本主义世界工业生产下降了 1/3 以上,资本主义世界贸易总额缩减了2/3,是迄今为止人类社会遭遇的规模最大、历时最长、影响最深刻的经济危机,资本主义制度陷入前所未有的艰难境地,这为葛兰西全面深刻认识资本主义制度的弊端,触发他探索取代资本主义制度的方案,进行深刻的理论思考和社会实践提供了社会历史背景。

4. 资本主义制度困境与法西斯主义兴起

1929 年爆发的资本主义经济危机,是迄今为止资本主义历史上最持久、最深刻、最严重的周期性世界经济危机。资本主义国家为了走出困境，纷纷寻找资本主义存在、发展的出路，美国等资本主义国家一反传统的自由放任政策，实行了以发展国家垄断资本主义为中心内容的“罗斯福新政”，主张国家对经济生活的干预和指导，颁布《全国工业复兴法》，调整工农业生产，整顿财政金融，大力兴建公共工程，建立社会保障体系，实行以工代赈，对资本主义生产关系进行了调整。“罗斯福新政”促使美国经济缓慢地恢复过来，人民的生活得到改善，资本主义制度得到调整、巩固与发展，开创了国家干预经济新模式，美国进入国家垄断资本主义时期。但是，资本主义经济政治基础较为薄弱的德国和日本，为了摆脱本国发展的困境，公然抛弃资产阶级民主制度，分别走上了纳粹主义和军国主义道路，对内实行独裁统治，对外进行侵略扩张，准备以战争为手段夺取生存空间，建立世界霸权。法西斯主义是资本主义的自我救赎，是资本主义制度畸形发展的产物，它的出现给整个人类带来了巨大灾难。在意大利，左翼运动使得许多意大利的保守派开始恐惧共产主义革命可能无法避免，以墨索里尼为首的法西斯主义分子夺取了国家政权，加紧迫害共产党、社会党和其他进步人士。意大利与德国、日本签订了《德意日三国同盟条约》，组成法西斯主义联盟的轴心国，成为第二次世界大战的重要策源地。在这一时期，为了反抗法西斯主义的统治，葛兰西受共产国际委派回国领导意大利共产党开展反法西斯斗争，后不幸被捕，他在狱中写出了《狱中札记》，提出和论述了著名的文化领导权理论。

3.2.2 俄国十月革命的胜利和欧洲无产阶级革命的失败

1. 俄国十月革命的胜利和第一个社会主义国家的建立

由于资本主义发展到垄断资本主义阶段，世界性的资本主义经济危机和法西斯主义兴起，资本主义制度陷入了前所未有的困境与危机。这一时期，马克思主义和国际共产主义运动也获得了巨大发展，但是以伯恩施坦、考茨基等为代表的第二国际的修正主义，主张放弃科学社会主义一般原理和社会主义的最终目的，对马克思主义进行了系统的修正，迷信议会斗争，极大地影响了第二国际各党的发展方向，使许多国家的无产阶级政党在理论上、政治上和组织上跌入机会主义的泥潭。1914 年第一次世界大战爆发后，德国社会民主党、奥地利社会党、法国社会党、比利时社会党、英国社会党纷纷支持本国政府进行帝国主义战争，第二国际实际上已在思想上和政治上破产，工人运动在西欧陷入了低潮。但在相对落后的俄国，以列宁为代表的俄国布尔什维克党，坚决批判机会主义，将马克思主义的普遍原理与俄国革命的实际结合起来，提出经济文化落后的国家可以爆发无产阶级革命的观点，逐步形成了列宁主义。在列宁的领导下，俄国爆发了十月革命，依靠武装斗争夺取了国家政权，建立起世界上第一个社会主义国家，提前退出了第一次世界大战，首次冲破了资本主义世界体系，开辟了人类历史的新纪元。葛兰西之前是意大利社会党的成员，第一次世界大战和俄国十月革命的胜利，对葛兰西影响很大。1916 年至 1918 年间，葛兰西对意大利社会党中立主义多数派持批判态度，不但同改良主义思潮决裂，而且开始脱离意大利社会党的“不妥协”多数派，成长为真正的马克思主义者。

2. 欧洲无产阶级革命的相继失败

俄国十月革命实现了社会主义从理论到实践的飞跃，对世界历史的发展产生了重大影响，为世界无产阶级革命树立了光辉的榜样，极大鼓舞了包括欧洲发达国家在内的各国无产阶级。1918 年至 1923 年，整个欧洲掀起了无产阶级革命的浪潮。1918 年，以李卜克内西和卢森堡为代表的德国左派社会民主党人组成了“斯巴达克团”，发动了德国十一月革命，但是在反动分子的血腥镇压下革命很快就失败了；1918 年，贝拉·库恩、萨麦里和拉克西等人成立了匈牙利共产党，组织领导匈牙利的无产阶级革命，成立了匈牙利苏维埃共和国，但在国内帝国主义反动势力的联合镇压下，匈牙利革命遭到失败。此外，芬兰、奥匈帝国、意大利、西班牙等欧洲资本主义国家都爆发了无产阶级革命，革命形势似乎正如马克思主义经典作品预料的那样，在全世界范围内变成一个客观的事实。但是，与落后的俄国爆发的十月革命不同，欧洲发达资本主义国家爆发的无产阶级革命却相继失败。按照马克思的观点，无产阶级应当首先在发达的资本主义国家同时取得胜利，但事实上，无产阶级革命非但没有在发达的资本主义国家取得胜利，相反，无产阶级革命在欧洲国家相继失败，在经济文化落后的东方国家——俄国却取得了胜利，葛兰西终其一生都在思考这个问题，思考其中的原因是什么，欧洲各国的无产阶级及其政党究竟要走一条什么样的革命道路。葛兰西的文化领导权理论就是围绕这个问题展开的。

3.3 布哈林与葛兰西文化领导权思想产生的时代背景的异同

布哈林和葛兰西生活在同一个时代,即帝国主义战争和无产阶级革命的时代。这一时代,世界主要存在三大矛盾。一是帝国主义国家之间的矛盾。由于帝国主义经济、政治发展不平衡,新兴资本主义国家和老牌资本主义国家的经济、政治、军事实力对比发生了显著变化,而此时世界已经被瓜分完毕,新兴资本主义国家对现有的世界殖民体系和国际秩序不满,要求发动一场“重新瓜分世界”的帝国主义战争。二是帝国主义宗主国与殖民地、半殖民地国家之间的矛盾。帝国主义国家通过发动武装侵略,通过暴力手段瓜分世界,一些独立国家逐步沦为殖民地或半殖民地,帝国主义国家对殖民地、半殖民地人民进行政治压迫、经济掠夺和文化压制,把殖民地和半殖民地变成他们的投资场地、原料产地、商品倾销市场和军事基地,殖民地、半殖民地国家民族经济发展停滞,人民生活极端困苦,这加剧了帝国主义和殖民地和半殖民地人民的矛盾,在亚非拉爆发了风起云涌的民族独立战争和民族解放运动。三是帝国主义国家内部无产阶级与资产阶级之间的矛盾。帝国主义国家内部资产阶级和无产阶级的矛盾日益尖锐,爆发了反对帝国主义的无产阶级革命,震撼了资本主义世界。

这一时期,资本主义由自由竞争阶段发展到垄断阶段,由个人垄断资本主义过渡到国家垄断资本主义,资本主义生产关系进行了局部调整,但是,资本主义固有的基本矛盾进一步激化,爆发了资本主义有史以来最为严重的一次经济危机。为了摆脱危机,以美国为代表的一些资本主义国家改变了以往放任自由的经济模式，效仿社会主义国家由政府干预经济，实施一定社会福利和保障政策。以德国、日本、意大利为代表的一些资本主义国家则走上了法西斯主义道路，给世界带来了深重的灾难。法西斯主义的兴起又加剧了上述的世界三大矛盾。总之，20 世纪的初期世界面临百年未有之大变局，充满了较量与碰撞、调整与变革、危机与革命、冲突与战争，共同构成了布哈林和葛兰西文化领导权思想产生和发展的历史图景。

布哈林与葛兰西文化领导权思想具有很大的不同，最主要的原因在于他们所处的具体社会历史环境的差异。布哈林面临的是一个经济文化比较落后、资本主义并不发达，当时还有封建农奴制残余的俄国。俄国无产阶级抓住有利历史时期，发动无产阶级革命并取得了成功，建立了世界上第一个社会主义国家。但是，由于无产阶级文化落后，资产阶级和封建残余的意识形态仍然强大，无产阶级及其政党虽然掌握了国家政权即政治领导权，但是还没有成熟到可以独自掌握文化领导权，新兴的无产阶级政权面临蜕化变质的危险。在这种情况下，布哈林提出了取得无产阶级文化领导权的任务。

与布哈林不同的是，葛兰西的文化领导权思想产生于 20 世纪初的意大利，第二次工业革命推动了意大利社会生产力和经济的快速增长，资本的高度集中加剧了垄断组织和垄断资本的出现和发展，意大利逐步过渡到垄断资本主义阶段。第一次世界大战期间，葛兰西反对意大利社会党“既不参加也不破坏”的政策，积极响应列宁“变帝国主义战争为国内战争”的口号，领导了都灵工人反战武装起义。第一次世界大战后，葛兰西积极探索适合意大利具体情况的革命道路，积极倡导工厂苏维埃运动，提出用革命方式夺取政权的方针。资本主义世界经济危机的爆发，加剧了意大利资产阶级和无产阶级、劳动人民之间的矛盾，加之第一次世界大战给意大利带来了严重创伤，促使意大利民主革命运动不断高涨。为了应对经济危机，意大利走上了法西斯主义道路，开始迫害共产党人，发动帝国主义战争。葛兰西反对以墨索里尼为首的意大利法西斯主义独裁统治，领导意大利共产党制定了以“工农联盟、城乡团结、南北团结、劳动阶级与民主阶层团结”为核心的政治路线，建立广泛的反法西斯统一战线，积极开展反法西斯主义斗争。但是，葛兰西不幸在罗马被捕，后被关押在法西斯的监狱中。

葛兰西在狱中写出了《狱中札记》，深入思考为什么欧洲发达资本主义国家的无产阶级革命相继失败，而落后的俄国却取得了无产阶级革命的胜利，西欧发达资本主义国家的无产阶级及其政党要走一条什么样革命道路呢。对此，葛兰西认为，东西方国家无产阶级革命的不同命运，源于东西方国家不同的社会结构。布哈林指出：“在东方，国家就是一切，市民社会处于初生而未成形的状态。”[①]因此，在东方社会进行无产阶级革命，只需通过暴力革命推翻资产阶级统治，夺取国家政权，就能取得革命的胜利。但是，在西方社会，除了政治上层建筑以外，市民社会比较发达，资产阶级的统治不再单单以暴力机关为后盾，更多依靠市民社会对被统治阶级施加意识形态的影响，获取被统治阶级的“同意”，进而确立资产阶级统治的合法性。葛兰西指出：“在西方，国家与市民社会之间存在着调整了的相互关系。假使国家开始动摇，市民社会这个

① 葛兰西：《狱中札记》，人民出版社，1983，第180页。

坚固的结构立即出面。国家只是前进的堑壕，在它后面有工事和地堡坚固的链条；当然这个或那个国家都是如此，只是程度不同。”[①]所以，在西方国家，通过发动暴力革命的方式难以取得无产阶级革命的胜利，必须用无产阶级的文化力量摧毁西方国家的市民社会，夺取文化领导权，进而才能获得国家政权即政治领导权。

3.4　本章小结

本章重点研究布哈林与葛兰西文化领导权思想产生的时代背景及其比较。

布哈林文化领导权思想产生的时代背景包括国际背景和国内背景两个方面。其国际背景为帝国主义时代和资本主义全面危机。其国内背景为苏联社会主义建设取得了巨大成就，与此同时，苏联社会主义建设也面临一系列挑战，在政治上，新兴的无产阶级政权存在蜕化变质的危险，在经济上，存在俄国无产阶级革命的额外耗费与新旧经济政策的影响，在文化上，俄国无产阶级文化的落后提出取得文化领导权的任务。

葛兰西文化领导权思想产生的时代背景也包括国际背景和国内背景两个方面。其国际背景为帝国主义的形成和法西斯主义的兴起。这一时期资本主义发展到垄断资本主义阶段，由于资本主义经济政治发展不平衡规律，导致了世界性帝国主义战争，资本主义基本矛盾的尖锐化导致了资本主义经济危机，资本主义制度陷

① 葛兰西：《狱中札记》，人民出版社，1983，第 180 页。

入困境,法西斯主义兴起。其国内背景为俄国十月革命的胜利和欧洲无产阶级革命的失败。俄国十月革命胜利后,世界上第一个社会主义国家建立,但是,欧洲无产阶级革命却相继失败。

关于布哈林和葛兰西文化领导权思想产生的时代背景比较,本书认为,布哈林和葛兰西生活在同一个年代,即帝国主义战争和无产阶级革命的时代。这一时代,世界主要存在三大矛盾:一是帝国主义国家之间的矛盾,二是帝国主义宗主国与殖民地、半殖民地国家之间的矛盾,三是帝国主义国家内部无产阶级与资产阶级之间的矛盾。资本主义由自由竞争阶段发展到垄断阶段,由个人垄断资本主义过渡到国家垄断资本主义,法西斯主义的兴起又加剧了上述的世界三大矛盾。但是,布哈林与葛兰西文化领导权思想也有很大的不同,最主要的原因在于他们所处的具体社会历史环境的差异。布哈林面临的是一个经济文化比较落后、资本主义并不发达,当时还带有封建农奴制残余的俄国。葛兰西面对的则是市民社会比较发达的西方资本主义国家。葛兰西指出,正是东西方国家不同的社会结构,导致了东西方国家无产阶级革命的不同命运。

第4章　布哈林与葛兰西文化领导权思想产生的理论来源比较

任何一个思想理论的产生和发展都不是无源之水、无本之木，都有其思想理论的来源。布哈林和葛兰西的文化领导权思想也不例外，都是对马克思列宁主义的继承和发展，都受到本国优秀思想文化的滋养和影响。通过对布哈林与葛兰西文化领导权思想产生的理论来源分析比较，能使我们更好地把握布哈林与葛兰西文化领导权思想产生和发展的思想条件，是深入比较研究布哈林与葛兰西的文化领导权思想的重要环节。

4.1　布哈林文化领导权思想产生的理论来源

布哈林文化领导权思想产生的理论来源主要是马克思主义和列宁主义相关理论，在马克思主义相关理论方面，包括意识形态理论、社会结构理论、精神生产理论等，在列宁主义相关理论方面，包括“工作重心转移”思想、文化革命思想、关于继承人类文化遗产的思想、知识分子思想和群众性文化普及思想。此外，布哈林文化领导权思想还受到普列汉诺夫、波格丹诺夫思想的影响。

4.1.1 马克思主义相关理论

布哈林指出:"无产阶级在建设时期所直接面临的任务的极端复杂性,要求大大地丰富正在马克思主义建设实践的基础上发展起来的马克思主义的理论思想。"[①]这段重要论述表明,包括文化建设在内的社会主义建设事业需要坚持马克思主义的基本原理,注重以发展的马克思主义为指导。"社会科学是推动一切的看得见的动力。"[②]马克思主义是布哈林进行文化领导权建设实践、形成文化领导权思想的重要理论来源。

1. 马克思的意识形态理论

马克思指出:"统治阶级的思想在每一个时代都是占统治地位的思想。这就是说,一个阶级是社会上占统治地位的物质力量,同时也是社会上占统治地位的精神力量。支配着物质生产资料的阶级,同时也支配着精神生产资料,因此,那些没有精神生产资料的人的思想,一般地是隶属于这个阶级的。"[③]这表明:统治阶级占有物质生产资料,同时也占有精神生产资料,统治阶级不仅在物质生产领域占据统治地位,而且其意识形态在思想文化领域也占统治地位,其他阶级的思想都受到统治阶级意识形态的指导和影响。马克思进一步指出,"每一个企图取代旧统治阶级的新阶级,为了达到自己的目的而不得不把自己的利益说成社会全体成员的共同利益,就是说,这在观念上的表达就是,赋予自己的思想以普遍性

① 布哈林:《布哈林文选(中册)》,人民出版社,1981,第 207 页。
② 布哈林:《布哈林文选(中册)》,人民出版社,1981,第 1 页。
③ 马克思恩格斯:《马克思恩格斯选集(第 1 卷)》,人民出版社,1995,第 98 页。

的形式，把它们描绘成唯一合理的、有普遍意义的思想”。[①] 这表明，马克思通常是在贬义上来使用意识形态一词的，认为在阶级社会，统治阶级的意识形态具有欺骗性和虚假性。

2. 马克思的社会结构理论

马克思指出：“人们在自己生活的社会生产中发生一定的、必然的、不以他们的意志为转移的关系，即同他们的物质生产力的一定发展阶段相适应的生产关系。这些生产关系的总和构成了社会的经济结构，即有法律的和政治的上层建筑树立其上并有一定的社会意识形式和与之相适应的现实基础。”[②]这段重要论述表明：社会经济结构是一定社会的生产关系的总和，即经济基础；而上层建筑则是建立在经济基础之上的政治上层建筑和观念上层建筑之和。政治上层建筑我们可以称之为社会政治结构，观念上层建筑我们可以称之为社会文化结构。因此，在马克思看来，一个社会的构成，包括社会经济结构、社会政治结构和社会文化结构。马克思和恩格斯进一步阐释了经济基础与上层建筑的辩证关系。第一，经济基础决定上层建筑。经济基础的性质决定上层建筑的性质，“随着经济基础的变更，全部庞大的上层建筑也或慢或快地发生变革。”[③]第二，上层建筑对经济基础具有反作用。一方面，政治上层建筑具有相对独立性并对经济基础具有反作用。政治上层建筑的核心是国家政权，恩格斯指出：“经济运动会替自己开辟道路，但是它也必定要经受它自己所造成的并具有相对独立性的政治运动的

① 布哈林：《布哈林文选（上册）》，人民出版社，1988，第342－343页。

② 马克思、恩格斯：《马克思恩格斯选集（第2卷）》，人民出版社，1995，第32页。

③ 马克思、恩格斯：《马克思恩格斯全集（第2卷）》，人民出版社，1995，第33页。

反作用,即国家权力的以及和它同时产生的反对派的运动的反作用。"[①]另一方面,意识形态具有相对独立性并对经济基础具有反作用。马克思曾说:"任何真正的哲学都是自己时代精神的精华。"恩格斯指出:"每一个时代的哲学作为分工的一个特定的领域,都具有由它的先驱者传给它而它便由此出发的特定的思想资料作为前提。""经济上落后的国家在哲学上仍然能够演奏第一提琴。"[②]"思想领域也反过来对这些物质条件起反作用,然而是第二性的作用。"[③]第三,上层建筑各因素之间相互作用和影响,共同对经济基础发生作用。恩格斯说:"政治、法律、哲学、宗教、文学、艺术等的发展都是以经济发展为前提的,但是,它们又都互相影响并对经济基础发生影响。"[④]

3. 马克思的精神生产理论

马克思与恩格斯合著的《神圣家族》一书中,明确使用了"精神生产"的概念,书中指出:"在直接的物质生产领域中,某物品是否应当生产的问题即物品的价值问题的解决,本质上取决于生产该物质所需要的劳动时间。因为社会是否有时间来实现真正人类的发展,就是以这种时间的多寡为转移的。""甚至精神生产的领域也是如此。如果想合理地行动,难道在确定精神作品的规模、结构和布局时就不需要考虑生产该作品所必需的时间吗?否则,我至少会冒这样的危险:我思想中存在的事物永远不会变为现实中的事物,因而它也就只能具有想象中事物的价值,也就是只有想象的

① 马克思、恩格斯:《马克思恩格斯全集(第37卷)》,人民出版社,1971,第487页。
② 马克思、恩格斯:《马克思恩格斯选集(第4卷)》,人民出版社,1972,第485页。
③ 马克思、恩格斯:《马克思恩格斯选集(第4卷)》,人民出版社,1972,第474页。
④ 马克思、恩格斯:《马克思恩格斯选集(第4卷)》,人民出版社,1972,第506页。

价值。”[①]这表明:精神生产是客观存在的,精神产品同物质产品的生产过程一样,都需要花费一定的劳动时间,都凝结着无差别的一般的人类劳动。正如马克思所指出的那样,“宗教、家庭、国家、法律、道德、科学、艺术等等,不过是生产的一些特殊的方式;并且受生产的普遍规律的支配。”[②]这里的“宗教、法、道德、科学、艺术”显然属于意识形态领域的范畴,这表明精神生产遵循同物质生产一样的规律。马克思、恩格斯指出:“思想、观念、意识的生产最初是直接与人们的物质活动,与人们的物质交往,与现实生活的语言交织在一起的。人们的想象、思维、精神交往在这里还是人们物质行动的直接产物。表现在某一民族的政治、法律、道德、宗教、形而上学等的语言中的精神生产也是这样。”[③]这段重要论述指出精神生产形成发展的历史过程,精神生产起初隶属于物质生产活动,是物质生产的附属物,此后逐步形成一种专门从事政治、法律、道德等精神生产活动,精神生产发展到更高的阶段和层次。

4.1.2　列宁主义相关理论

布哈林指出:“列宁主义是建设时期的马克思主义”,[④]“就是已经丰富了的和得到进一步发展的马克思主义”。[⑤] 之所以将列宁主义称为马克思主义,是因为列宁从实际出发,运用马克思主义立场、观点、方法对苏联社会主义建设实践中不断涌现的新事物进行

---

① 马克思、恩格斯:《马克思恩格斯全集(第 2 卷)》,人民出版社,1957,第 62 页。
② 马克思、恩格斯:《马克思恩格斯全集(第 42 卷)》,人民出版社,1979,第 121 页。
③ 马克思、恩格斯:《马克思恩格斯选集(第 1 卷)》,人民出版社,1995,第 72 页。
④ 布哈林:《布哈林文选(中册)》,人民出版社,1981,第 206 页。
⑤ 布哈林:《布哈林文选(中册)》,人民出版社,1981,第 199 页。

辩证分析，对马克思主义理论做出了伟大的原创性贡献。他进一步指出："马克思所贡献的主要是资本主义发展和革命实践的代数学；列宁的贡献既有这种代数学，也有破坏性方面和建设性方面的新气象的代数学，还有他们的算术，即从更具体、更具实践性的观点来解代数学的公式。"[①]布哈林文化领导权思想受到列宁文化建设思想的重要影响。作为列宁的亲密战友，布哈林对列宁文化建设思想有着特别深刻的认识，虽然他同列宁在无产阶级文化问题上有过严重的分歧和争论，但布哈林一旦认识到自己的错误就迅速回到列宁的正确路线上来，坚定地站在了列宁一边，成为列宁文化建设思想的忠诚拥护者和继承者。

1. 列宁的"工作重心转移"思想

列宁提出了党和苏维埃的"工作重心转移到和平组织文化工作"思想，他指出："我们不得不承认我们对社会主义的整个看法根本改变了。这种根本的改变表现在：从前我们是把重心放在而且也应该放在政治斗争、革命、夺取政权等方面，而现在重心改变了，转到和平组织'文化'工作上面去了。假如不是因为国际关系，不是因为必须为我们在国际范围内的阵地进行斗争，我可以说，我们是应当把重心转移到文化建设方面的。如果把国际关系撇开不谈，只就国内经济关系来说，那么我们现在的工作重心的确是转向文化建设了。"[②]这一重要思想，是苏联社会主义文化建设的根本指导方针，为苏联开展大规模的文化建设提供了重要原则和行动指南。

---

① 布哈林：《布哈林文选（上册）》，人民出版社，1981，第177页。
② 列宁：《列宁选集（第4卷）》，人民出版社，1972，第687页。

2. 列宁的文化革命思想

列宁在晚年提出:“我们面前摆着两个划时代的主要任务。第一个任务就是改造我们原封不动地从旧时代接受下来的简直毫无用处的国家机关;这种机关,我们在五年来的斗争中还来不及也不可能来得及认真加以改造。我们的第二个任务就是在农民中进行文化工作,这种在农民中进行的文化工作,其经济目的就是合作化。有了完全的合作化的条件,我们也就在社会主义基地上站稳了。但完全合作化这一条件本身就包含农民(正是人数众多的农民)的文化水平的问题,就是说,没有整个的文化革命,要完全合作化是不可能的。”[①]这表明:列宁将改造国家机关和推进农民合作化看作两个划时代的主要任务,文化革命的主要目的是完成这两个划时代的主要任务。

3. 列宁关于继承人类文化遗产的思想

针对无产阶级文化派拒绝同一切“人类文化遗产”发生关系,准备通过实验室的方法臆造所谓的无产阶级文化,列宁多次批判那些鼓吹文化虚无主义的言论,指出:“无产阶级文化并不是从天上掉下来的,也不是那些自命为无产阶级文化专家的人杜撰出来的。如果硬说是这样,那完全是一派胡言。”马克思主义之所以“赢得了世界历史性的意义”,是因为它“没有抛弃资产阶级时代最宝贵的成就,相反地却吸收和改造了两千年来人类思想和文化发展中一切有价值的东西”。[②] 列宁进一步指出:“必须取得资本主义

---

① 列宁:《列宁选集(第 4 卷)》,人民出版社,1972,第 687 页。

② 列宁:《列宁选集(第 4 卷)》,人民出版社,1995,第 299 页。

遗留下来的全部文化，并且用它来建设社会主义，必须取得全部科学、技术、知识和艺术。否则，我们就不可能建设社会主义社会的生活。"[①]列宁揭示了无产阶级文化乃至人类文化发展的客观规律，指出："无产阶级文化应当是人类在资本主义社会、地主社会和官僚社会压迫下创造出来的全部知识合乎规律的发展。""只有确切地了解人类全部发展过程所创造的文化，只有对这种文化加以改造，才能建设无产阶级的文化，没有这样的认识，我们就不能完成这项任务。"[②]

4. 列宁的知识分子思想

从封建农奴制残余中脱胎而来的俄国，其经济文化水平十分落后，社会主义建设必须依靠广大的知识分子。列宁指出："没有各种学术、技术和实际工作领域的专家的指导，向社会主义过渡是不可能的。"[③]对待旧知识分子，我们应该采取利用合作的方针，绝不能因为他们"浸透了资产阶级世界观"而采取驱逐、排斥等残酷的阶级斗争的方式，"我们应该用敌人的手建设共产主义"，"一个好的资产阶级专家胜过十个坏的共产党员"。为了充分发挥旧专家和旧知识分子的作用，列宁还要求给予他们高额工资，强调"应该珍视每一个专家，把他们看作技术和文化的唯一财富，没有这份财富，什么共产主义也不可能实现"[④]。

① 列宁：《列宁全集(第36卷)》，人民出版社，1985，第48页。
② 列宁：《列宁选集(第4卷)》，人民出版社，1972，第348页。
③ 列宁：《列宁全集(第34卷)》，人民出版社，1985，第160页。
④ 列宁：《列宁全集(第39卷)》，人民出版社，1963，第242页。

5. 列宁的群众性文化普及思想

列宁指出："在一个文盲的国家里是不能建成共产主义社会的。"[①]"我们距离普遍识字还远得很，甚至和沙皇时代(1897)比，我们的进步也太慢。"与当时发达的资本主义国家比，俄国好像还是"一个半野蛮人的国家"[②]。他进一步指出了广大人民群众的文化落后，将给俄国社会主义建设带来的消极影响。他说："只要在我国还存在文盲现象，那就很难谈得上政治教育。这并不是政治任务，这是先决条件，没有这个条件就谈不上政治。文盲是处在政治之外的，必须先教他们识字。不识字就不可能有政治，不识字只能有流言蜚语、谎话偏见，而没有政治。"[③]"不识字的人实现不了电气化，而且仅仅识字还不够。只懂得什么是电还不够，还应该懂得怎样在技术上把电应用到工农业上去，应用到工农业的各个部门中去。"[④]为改变这种状况，列宁特别强调开展群众性文化普及工作，他指出："对我们大家来说，无论是俄国同志还是外国同志，最重要的一点是，在俄国革命五年之后，我们应当学习。……我们应当利用不打仗、没有战争的每个时机来学习，而且要从头学起。"[⑤]"需要有全体人民群众在文化上提高的一整个阶段"[⑥]。

---

① 列宁:《列宁选集(第 4 卷)》,人民出版社,1995,第 294 页。
② 列宁:《列宁选集(第 4 卷)》,人民出版社,1995,第 762 页。
③ 列宁:《列宁选集(第 4 卷)》,人民出版社,1995,第 590 页。
④ 列宁:《列宁选集(第 4 卷)》,人民出版社,1995,第 287 页。
⑤ 列宁:《列宁全集(第 43 卷)》,人民出版社,1987,第 287 页。
⑥ 列宁:《列宁全集(第 43 卷)》,人民出版社,1987,第 364 页。

4.1.3 普列汉诺夫、波格丹诺夫思想

布哈林文化领导权思想受到普列汉诺夫思想的影响。普列汉诺夫是俄国马克思主义政党的创始人和领袖之一,是最早在俄国和欧洲传播马克思主义的思想家。1883 年普列汉诺夫在日内瓦创立了“劳动解放社”,翻译出版了许多马克思和恩格斯的著作,如《哲学的贫困》《费尔巴哈论》《恩格斯论俄国》等,大力促进了马克思主义在俄国的传播,为确立俄国马克思主义正统观念发挥了重要作用,被视为 19 世纪晚期俄国马克思主义的领导中心。恩格斯看过普列汉诺夫的《我们的意见分歧》一书后说:“我感到自豪的是,在俄国青年中有一派真诚地、无保留地接受了马克思伟大的经济理论和历史理论……如果马克思能够多活几年,那他本人也同样会以此自豪的。”恩格斯看到普列汉诺夫的《论一元论历史观的发展》一书出版后,给普列汉诺夫写了一封信。信中这样说:“您争取到使这本书在本国出版,这本身是一次巨大的胜利。”列宁十分推崇该书,认为它“培养了一整代俄国马克思主义者”。虽然普列汉诺夫后来与布尔什维克党分道扬镳,转向孟什维克,又对俄国十月革命持反对态度,但是被誉为“俄国马克思主义之父”的普列汉诺夫对马克思主义的广泛传播和在俄国文化界取得支配地位所做出的卓越贡献是客观事实,不容否定。包括列宁、布哈林在内的俄国早期马克思主义者都深受普列汉诺夫思想的影响。列宁建议出版普列汉诺夫的著作,并指出普列汉诺夫“所写的全部哲学著作”“应当列为必读的共产主义教科书”。

布哈林文化领导权思想还受到波格丹诺夫思想的影响。波格

丹诺夫是苏联哲学家、社会学家，1903 年成为布尔什维克，1905 年当选为党中央委员，曾在布尔什维克机关报《前进报》《无产者报》《新生活报》编辑部工作，1905 年革命失败后成为“前进集团”的首领并领导召回派，1909 年曾被开除出布尔什维克。十月革命后他从事过高等教育工作，担任过“无产阶级文化协会”的领导职务。这一时期，波格丹诺夫以无产阶级文化派的领袖自居，以马赫主义为指导，以创造无产阶级文化为己任，杜绝同旧文化发生联系，主张通过实验室的方法臆造所谓纯粹的“无产阶级文化”。针对以波格丹诺夫为首的无产阶级文化派鼓吹文化虚无主义，列宁进行了严厉的批判，指出“无产阶级文化并不是从天上掉下来的，也不是那些自命为无产阶级文化专家的人杜撰出来的。如果硬说是这样，那完全是一派胡言。”列宁揭示了无产阶级文化发展必须继承和发展人类文化遗产的一般规律，指出：“无产阶级文化应当是人类在资本主义社会、地主社会压迫下创造出来的全部知识合乎规律的发展。”[①]“只有确切地了解人类全部发展过程中所创造的文化，只有对这种文化加以改造，才能建设无产阶级的文化。”[②]布哈林在无产阶级文化问题上同列宁产生了分歧，他认为波格丹诺夫的思想并不全部都是“坏东西”，相反，他赞同无产阶级文化作为一个阶级文化的存在，认为创造无产阶级文化具有必要性。

① 列宁:《列宁选集(第 4 卷)》,人民出版社,1995,第 285 页。
② 列宁:《列宁选集(第 4 卷)》,人民出版社,1995,第 85 页。

4.2　葛兰西文化领导权思想产生的理论来源

葛兰西文化领导权思想产生的理论来源主要包括马克思主义和列宁主义相关理论。在马克思主义相关理论方面，主要包括意识形态理论、社会结构理论、市民社会理论和无产阶级革命理论等；在列宁主义相关理论方面，主要包括无产阶级领导权思想和文化革命思想等。此外，葛兰西文化领导权思想还受到拉布里奥拉和克罗齐思想的影响。

4.2.1　马克思主义相关理论

马克思主义是葛兰西文化领导权思想的重要来源。具体来说，包括马克思的意识形态理论、社会结构理论、市民社会理论与无产阶级革命理论，这些重要理论构成了葛兰西文化领导权思想的重要理论来源。

1. 马克思的意识形态理论

马克思指出："在不同的所有制形式上，在社会生存的条件上，耸立着由各种不同情感、幻想、思想方式和人生观构成的整个上层建筑。整个阶级在它的物质条件和相对应的社会关系的基础上创造和构成这一切。"[①]这一重要论述表明，意识形态包括情感、幻想、

① 马克思、恩格斯：《马克思恩格斯选集（第1卷）》，人民出版社，1995，第629页。

思想方式和人生观等内容，其来源于所有制形式和社会生存条件，在社会结构中处在物质条件相对应的社会关系的基础之上。马克思指出："意识在任何时候只能是被意识到了的社会存在，而人们的存在就是他们的实际生活过程，如果在全面意识形态中，人们和他们的关系就像在照相机中一样是倒现着的，那么这种现象也是从人们生活的历史过程中产生的，正像物像在视网膜上的倒影是直接从人们生活的物理过程中产生的一样。"[①]这进一步阐释了意识形态的本质和来源。马克思通常在贬义的情况下使用意识形态一词，认为一个时代占主导地位的意识形态是统治阶级的思想，被统治阶级的思想观念往往隶属于统治阶级的意识形态。他说："通过传统和教育承受了这些情感和观点的个人，会以为这些情感和观点就是他的行为的真实动机和出发点。"[②]因此，受到统治阶级思想观念影响的人们"就像牲畜一样服从他的权力"。[③] 马克思指出，统治阶级为了维护自己的利益，刻意将统治阶级的利益说成全社会的利益，因此，在阶级社会，统治阶级的意识形态具有虚假性和欺骗性。他指出："当初与这种交往相适应的意识，当然也就愈不真实，也就是说，它不再是与这种交往形式相适应的意识了；这种交往形式中的旧的传统观念（在这些观念中，现实的个人利益往往被说成普遍的利益）也就愈发下降为唯心的词句，有意识的幻想和有目的的虚伪。"[④]

---

① 马克思、恩格斯：《马克思恩格斯全集（第 3 卷）》，人民出版社，1956，第 90 页。
② 马克思、恩格斯：《马克思恩格斯选集（第 1 卷）》，人民出版社，1995，第 629 页。
③ 马克思、恩格斯：《马克思恩格斯全集（第 3 卷）》，人民出版社，1956，第 35 页。
④ 马克思、恩格斯：《马克思恩格斯全集（第 3 卷）》，人民出版社，1956，第 35 页。

2. 马克思的社会结构理论

马克思指出："经济范畴只不过是生产的社会关系的理论表现，即其抽象。"[①]"人们在自己生活的社会生产中发生一定的、必然的、不以他们的意志为转移的关系，即同他们的物质生产力的一定发展阶段相适合的生产关系。这些生产关系的综合构成社会的经济结构。"[②]这一重要论述指出了社会经济结构的来源和内容，表明了社会经济结构即经济基础在整个社会结构中的位置和作用。马克思指出："在我们面前有两种权力：一种是财产权利，也就是所有者的权利；另一种是政治权力，即国家的权力。"[③]"在不同的所有制形式上，在生存的社会条件上，耸立着各种不同情感、幻想、思想方式和世界观构成的整个上层建筑。这个阶级在它的物质条件和相应的社会关系的基础上创造和构成这一切。"[④]这一重要论述表明，上层建筑是建立在社会经济结构之上的政治、法律、哲学、宗教、情感、幻想、世界观等以及同这些观点相适应的设施，国家政权是上层建筑的核心问题。马克思认为，社会的经济结构、政治结构和文化结构共同构成了社会有机体，但是，经济结构和上层建筑之间并不是一个平行发展的关系，而是经济基础决定上层建筑，上层建筑具有一定的独立性，并对经济基础有巨大的反作用。

3. 马克思的市民社会理论

马克思、恩格斯指出："从直接生活的物质生产出发来考察现

① 马克思、恩格斯：《马克思恩格斯全集（第 4 卷）》，人民出版社，1972，第 143 页。
② 马克思、恩格斯：《马克思恩格斯全集（第 13 卷）》，人民出版社，1998，第 8 页。
③ 马克思、恩格斯：《马克思恩格斯全集（第 4 卷）》，人民出版社，1972，第 330 页。
④ 马克思、恩格斯：《马克思恩格斯选集（第 1 卷）》，人民出版社，1995，第 629 页。

实的生产过程，并把与该生产方式相联系的、它所产生的交往形式，即各个不同阶段上的市民社会，理解为整个历史的基础……从市民社会出发来阐明各种不同的理论产物和意识形式，如宗教、哲学、道德等，并在这个基础上追溯它们产生的过程。”①这段重要论述，将市民社会作为宗教、哲学、道德等意识形态产生的基础，是观念上层建筑的物质来源。马克思进一步指出，“市民社会包括各个个人在生产力发展的一定阶段上的一切物质交往。它包括该阶段上的整个商业生活和工业生活，因此它超出了国家和民族的范围，尽管另一方面它对外仍然需要以民族的姿态出现，对内仍然需要组成国家的形式。市民社会这一用语是在 18 世纪产生的，当时财产关系已经摆脱了古代的和中世纪的共同体。真正的资产阶级社会只是随同资产阶级发展起来的；但是这一名称始终标志着直接从生产和交往中发展起来的社会组织，这种社会组织在一切时代都构成国家的基础以及任何其他的观念的上层建筑的基础。”②在这里，马克思将市民社会看作资本主义生产关系的综合，属于经济基础的范畴，指出市民社会不仅是意识形态的物质来源和基础，也是国家等政治上层建筑的基础，表明了市民社会在社会结构中的地位和作用。

4. 马克思的无产阶级革命理论

马克思指出：“要解放被压迫阶级而不损害靠压迫它过活的阶级，而不同时摧毁建立在这种阴暗社会基础上的国家全部上层建筑，是不可能的。”马克思又谈道：“每一个力图取得统治的阶级，如

① 马克思、恩格斯：《马克思恩格斯全集（第 3 卷）》，人民出版社，1956，第 42－43 页。
② 马克思、恩格斯：《马克思恩格斯选集（第 1 卷）》，人民出版社，1995，第 41 页。

果它的统治就像无产阶级的统治那样,预定要消灭整个旧的社会形态和一切统治,都必须首先夺取政权,以便把自己的利益说成普遍的利益,而这是它在初期不得不如此做的。”[①]这表明:在阶级社会,剥削阶级对被剥削阶级的经济压迫,是以国家政权为后盾,依靠国家政权的力量进行的。因此,无产阶级革命的首要任务就是夺取政权。马克思和恩格斯在《共产党宣言》中提出:“共产党人不屑于隐瞒自己的观点和意图。他们公开宣布:他们的目的只有用暴力推翻全部现存的社会制度才能达到。”这充分说明,在资本主义社会里,无产阶级与资产阶级的斗争是不可避免的,只有通过发动无产阶级的暴力革命,推翻资产阶级的统治,建立无产阶级政权,才能以新的社会制度代替旧的社会制度。

4.2.2 列宁主义相关理论

列宁主义相关理论构成了葛兰西文化领导权思想的重要来源。从现有的研究来看,有的学者认为,葛兰西的文化领导权思想是对列宁主义的继承和发展,也有的学者认为,葛兰西的文化领导权思想同列宁主义是根本对立的。但是,不论是持哪一种观点的人,都不得不承认列宁主义对葛兰西的文化领导权思想产生了重大影响。

4. 列宁的无产阶级领导权思想

列宁指出:“工人阶级的领导权,就是工人阶级(及其代表)对其他居民的政治影响,即把他们的民主主义(在有民主主义的时

① 马克思、恩格斯:《马克思恩格斯全集(第3卷)》,人民出版社,1956,第38页。

候)中的非民主主义的杂物清除出去,对任何资产阶级民主主义的局限性和近视性展开批判,同‘立宪民主主义’(如果这样来称呼自由派的演说和政策的起腐蚀作用的内容的话)进行斗争,等等。”①在这里,列宁所说的无产阶级的领导权,主要是政治领导权。列宁说:“革命的社会民主党历来都向无产阶级指出它在资产阶级解放运动中的领导作用,现在必须说得更确切一些:这就是带领农民前进的领袖作用。带领农民干什么呢?带领农民进行最彻底、最坚决的无产阶级革命。”②“可以毫不夸大地说,整个俄国民主运动的一切成就,不论是过去还是将来,都是与对农民的政治领导从自由派向工人民主派的转移密切联系着的。没有这种转移,俄国民主运动就不可能取得任何重大的成就。”③这一重要论述表明:列宁的领导权思想,一是强调无产阶级在民主主义革命中的领导权;二是突出了无产阶级的政治领导权,即认为无产阶级的领导权就是无产阶级通过暴力革命夺取国家政权;三是认为无产阶级的领导权是无产阶级对其革命的同盟者的领导,主要是对农民阶级的领导。

2. 列宁的文化革命思想

十月革命胜利后,列宁在深刻总结苏联社会主义革命和建设经验教训的基础上,提出了文化革命的思想。列宁认为,由于苏联文化非常落后,包括无产阶级在内的广大人民群众很多还是文盲或半文盲,这严重阻碍苏联社会主义建设,在政治上不利于改造国家机关,容易导致官僚主义复活,在经济上不利于农业合作化的推

① 列宁:《列宁全集(第 20 卷)》,人民出版社,1985,第 13 页。
② 列宁:《列宁全集(第 16 卷)》,人民出版社,1985,第 256 页。
③ 列宁:《列宁全集(第 21 卷)》,人民出版社,1985,第 51 - 52 页。

进。因此,要从根本上改变俄国文化落后的状况,完成改造国家机关和推进农业合作化这两个划时代的历史任务,苏联需要一场文化上的革命,而“只要实现了这个文化革命,我们的国家就成为完全的社会主义国家了”。[①] 基于这种认识,列宁提出将苏联工作重心转移到文化建设上来,把文化建设同苏联的政治建设和经济建设紧密地联系起来,形成了一系列关于文化建设的观点。

4.2.3 拉布里奥拉和克罗齐思想

葛兰西文化领导权思想受到拉布里奥拉思想的影响。拉布里奥拉是意大利宣传马克思主义的先驱。他首先提出了“实践哲学”的概念,认为“实践哲学”是历史唯物主义的核心,把人看作现实的社会的人,是历史的动态生成的存在物。葛兰西高度评价了拉布里奥拉的实践哲学,认为实践哲学的核心要义是强调哲学与实践的有机统一。拉布里奥拉在肯定社会经济结构对意识形态具有决定作用的前提下,强调社会意识形态具有相对独立性,不仅具有自身发展的特点和规律,而且对社会发展具有能动的反作用,这对葛兰西文化领导权思想的形成产生了重大影响。拉布里奥拉较早地关注了马克思主义的整体性,认为马克思主义哲学、马克思主义政治经济学和科学社会主义这三个方面是有机统一的整体。葛兰西的文化领导权思想则体现着总体性的思路,对市民社会的分析、阵地战的革命策略的实施以及有机知识分子的培养都是围绕夺取文化领导权而构建的整体革命战略。

① 列宁:《列宁选集(第4卷)》,人民出版社,1995,第684页。

还有学者认为,克罗齐思想对葛兰西文化领导权思想产生了重要影响。克罗齐是西方著名的哲学家,也是葛兰西的大学老师。他的“绝对的历史主义”理论一个突出特点,就是否定人类历史发展有其客观规律,而是把它归结为人的主观精神的活动,进而揭示现实世界和人类历史的发展。这表明:克罗齐的“绝对的历史主义”是一种唯心史观,把意识形态或文化置于社会结构的核心地位,强调意识形态或精神文化在历史发展过程中的决定性作用。葛兰西对克罗齐的唯心主义进行了批判,认为克罗齐用观念否定历史,虽然强调人在社会发展中的积极作用,但克罗齐哲学中的“人”却成了形而上学的“人”,而不是社会中的人。葛兰西将人置于一定的社会关系之中,看作社会的存在物,恢复了人的真实存在,在扬弃克罗齐理论的基础上强调夺取文化领导权的重要性。

4.3　布哈林与葛兰西文化领导权思想产生的理论来源的异同

布哈林与葛兰西文化领导权思想产生的理论来源存在异同点。布哈林和葛兰西文化领导权思想的理论来源的共同点是都深受马克思主义和列宁主义相关理论的影响,不同点表现在布哈林和葛兰西对马克思主义和列宁主义继承的内容和侧重点不同,立足各自的具体社会历史环境对马克思主义和列宁主义的创新发展不同,除了受到马克思主义和列宁主义影响外,还受到其他不同思想的影响。

1. 理论来源的共同点

布哈林和葛兰西的文化领导权思想在理论来源方面,其共同点是深受马克思主义和列宁主义的影响,坚持了马克思主义和列宁主义的立场、观点和方法。从某种意义上说,布哈林和葛兰西的文化领导权思想是对马克思主义和列宁主义的继承和发展。

就马克思主义而言,一是布哈林和葛兰西都坚持和继承了马克思的意识形态理论。布哈林说,“马克思的指示,即‘任何一个时代的占统治地位的思想永远是统治阶级的思想’是正确的”,“文艺是阶级斗争的强大武器”,“在阶级社会,文艺不仅不可能是中立的,而且它还积极地为一定阶级服务”是“完全正确的、绝对正确的原则”①。葛兰西看重意识形态在社会结构中的地位和作用,强调国家的文化统治的职能。二是布哈林和葛兰西都坚持和继承了马克思的社会结构理论。他们都注意到社会的结构包括社会的经济结构、政治结构和文化结构三个组成部分,充分吸收了经济基础与上层建筑的辩证关系原理。

就列宁主义而言,一是布哈林和葛兰西都坚持和继承了无产阶级领导权思想。布哈林完全赞同列宁主张的通过无产阶级武装斗争、暴力革命夺取无产阶级的政治领导权,即夺取国家政权,并且亲自参加了俄国的无产阶级革命活动。葛兰西起初支持列宁关于无产阶级暴力革命的主张,在第一次世界大战期间,响应列宁“变帝国主义战争为国内战争”的口号,发动意大利都灵工人起义。此后,他积极建立意大利反法西斯主义统一战线,积极开展意大利

① 马克思、恩格斯:《马克思恩格斯选集(第1卷)》,人民出版社,1995,第100页。

的反法西斯斗争，探索意大利的无产阶级革命道路。他提出的著名的文化领导权思想被视为无产阶级革命的战略策略，是无产阶级总体革命的一部分。二是布哈林和葛兰西都坚持和继承了列宁的文化革命思想。布哈林对列宁的文化革命思想进行了理论阐释，将列宁的文化革命思想概括为“两个划时代”的历史任务。第一个是改造国家机关的任务，布哈林指出，“在我们这里，国家是工人阶级的最广泛的组织”①，改造国家机关就是“按照同官僚主义斗争的路线，教育工人群众的路线，教给工人群众的管理的艺术的路线。改造国家机关，这在很大程度上乃是文化问题”。所以，布哈林强调：“当列宁同志说到改造我们的国家机关时，他是把这一问题同提高工人阶级本身文化的问题紧密联系在一起的。”②第二个是在农民中进行文化工作的任务，其经济目的就是合作化，只有提高农民的文化水平，才能为完全的合作化创造条件。

2. 理论来源的不同点

布哈林和葛兰西文化领导权思想理论来源的不同点，主要包括以下两个方面：一是布哈林和葛兰西对马克思主义和列宁主义继承的内容和侧重点不同，布哈林和葛兰西立足各自的具体社会历史环境对马克思主义和列宁主义的创新发展不同；二是布哈林和葛兰西除了受到马克思主义和列宁主义影响外，还受到其他不同思想的影响。

(1)布哈林和葛兰西对马克思主义和列宁主义继承创新的内容和侧重点不同

① 布哈林：《布哈林文选（中册）》，东方出版社，1988，第249页。

② 布哈林：《布哈林文选（中册）》，东方出版社，1988，第248－249页。

①对马克思主义继承创新的内容和侧重点不同

就马克思主义而言，布哈林创新发展了马克思的社会结构理论。关于上层建筑的结构，布哈林指出："所谓'上层建筑'，我们将理解为位于经济基础之上的任何形式的社会现象。"[①]这表明：只要是位于经济基础之上的任何形式的社会现象都是上层建筑的内容，这就扩大了上层建筑的内涵和外延。关于政治上层建筑的结构，布哈林指出，政治上层建筑"跟整个社会一样，也是由物、人和观念的种种结合、配合组成的"。"就拿国家机关来说吧。这里我们可以看到它的物的组成部分、它的等级制度（按阶梯那样建成的人的组织）、它的系统化的观念（各种规范、法律、命令等），诸如此类的东西。"[②]这表明，政治上层建筑中既有物质的组成部分，也包含有意识形态的东西，因此，将上层建筑的结构简单概括为政治上层建筑和观念上层建筑就显得笼统。关于观念上层建筑即意识形态的结构，布哈林也进行了划分，有学者研究指出，布哈林构建的观念上层建筑或意识形态的结构，可以划分为五个层面：第一，社会意识形态；第二，社会心理；第三，艺术；第四，形式的理解；第五，感情、感觉和想象。[③] 在此基础上，布哈林提出了上层建筑的结构论。他认为，上层建筑的结构应当区别为三个主要部分：一是上层建筑的技术装备，即物的部分；二是人们之间的关系，即人的部分；三是思想、方式、规范、感觉等的体系，即意识形态的部分。

布哈林创新了马克思的精神生产理论。布哈林坚持和继承了

---

① 布哈林：《历史唯物主义理论（马克思主义社会学通俗教材）》，李光谟译，人民出版社，1983，第243页。

② 布哈林：《历史唯物主义理论（马克思主义社会学通俗教材）》，李光谟译，人民出版社，1983，第174－175页。

③ 邱运华：《"无产阶级文化"作为一个问题——布哈林的文化理论和葛兰西对它的批评》，《湘潭大学学报（哲学社会科学版）》2005年第3期。

马克思的精神生产理论，肯定了包括意识形态在内的上层建筑性劳动是“从物质生产中分化出来，脱离它而成为独立的社会活动部门”[①]，肯定了精神生产遵循同物质生产一样的生产规律，“拿资本主义剧院来看：剧院老板、经理、演员、配角、技师、职员、粗工，一切都和工厂极其近似”[②]。布哈林从劳动视角出发，认为意识形态形成过程本质上是劳动的过程。布哈林将平衡论思想贯穿其中，认为上层建筑性劳动与物质生产劳动构成了劳动部门，两个劳动之间存在适度的比例关系，“如果社会长期存在下去，那么其中在整个物质劳动和整个‘上层建筑’性劳动之间，就要有某种哪怕是非常不稳定的平衡状态”[③]。不仅如此，随着生产力的发展和社会分工日益专业化、精细化，上层建筑内部的政治上层建筑性劳动与意识形态性劳动之间也要保持一定的生产平衡，意识形态性劳动内部生产也是这样，促进社会长期稳定发展。

布哈林创新了马克思的意识形态理论。马克思通常在贬义上使用意识形态一词，认为在阶级社会意识形态是统治阶级的思想，具有阶级性和虚假性，被统治阶级的思想往往隶属于统治阶级的意识形态。布哈林发展了马克思的这一观点，指出：“科学是从实践中产生出来的。既然是这样，社会科学具有阶级性就是十分明显的了。每个阶级都有自己的实践，有自己的特殊任务和自己的

① 布哈林：《历史唯物主义理论（马克思主义社会学通俗教材）》，李光谟译，人民出版社，1983，第 255 页。

② 布哈林：《历史唯物主义理论（马克思主义社会学通俗教材）》，李光谟译，人民出版社，1983，第 255 页。

③ 布哈林：《历史唯物主义理论（马克思主义社会学通俗教材）》，李光谟译，人民出版社，1983，第 257 页。

利益,因而对事物有它自己的观点。”[①]这表明:只要存在阶级和阶级差别,意识形态就一定具有阶级性,不仅统治阶级有自己的意识形态,任何阶级都有自己的意识形态。布哈林进一步指出,“如果无产阶级在其专政时期内不逐步掌握一切意识形态阵地,它将失去统治阶级的地位”。[②] 这表明:无论在阶级社会还是社会主义社会,统治阶级的意识形态都处于统治地位,无产阶级要巩固自己的统治地位,也要使自己的意识形态在思想文化领域占统治地位。

葛兰西同样创新发展了马克思的意识形态理论。马克思通常是在否定意义上使用意识形态一词的,将意识形态同统治阶级联系起来,强调在阶级社会中统治阶级意识形态具有虚假性和欺骗性。而葛兰西基本上是在中性意义上使用意识形态这一概念的。他也认为在目前西方发达国家的资产阶级对无产阶级的统治已远不仅是政治领导,而是让无产阶级“同意”其领导,也就是接受了其意识形态的统治。因此,无产阶级要想革命成功,首先要打破资产阶级的文化统治,获得文化领导权,让无产阶级意识形态占统治地位。

葛兰西创新发展了马克思的市民社会理论。在马克思看来,市民社会反映了资本主义的生产关系,属于社会的经济结构或经济基础的范畴。葛兰西指出:“结构和上层建筑形成一个‘历史的集团’。也就是说,复杂的、矛盾的和互不协调的上层建筑的总和是社会生产关系总和的反映。”[③]在这里,葛兰西同马克思一样,往往将经济基础称为社会的经济结构,也就是在一定的社会中占统

① 布哈林:《历史唯物主义理论(马克思主义社会学通俗教材)》,李光谟译,人民出版社,1983,第3页。

② 马克思、恩格斯:《马克思恩格斯选集(第1卷)》,人民出版社,1995,第100页。

③ 葛兰西:《狱中札记》,中国社会科学出版社,2000,第245页。

治地位的一切生产关系的总和。与传统的马克思主义关于市民社会的理论不同,葛兰西对市民社会进行重新认识,并把市民社会纳入上层建筑的范畴,市民社会代表着从经济领域独立出来的与政治领域相并列的文化和意识形态领域。在葛兰西看来,市民社会不仅属于观念上层建筑的范畴,而且是介于经济基础与政治上层建筑之间的一种中间地带,反映了统治阶级的意识形态及其所推崇的一套生活方式的理念或习惯,这些思想价值、理念习惯通过学校、教会、工会等特定的机构和报纸、杂志等大众传媒而得到普及。

葛兰西创新发展了马克思的无产阶级革命理论。有关无产阶级革命理论,葛兰西的看法与以往正统的马克思主义有较大的区别。马克思主张通过无产阶级暴力革命,推翻资产阶级的统治,建立无产阶级专政,实现社会主义和共产主义的目标。但是,葛兰西认为,暴力革命是无产阶级革命的重要形式,但只适用于像俄国这样的落后的东方国家,不适用于西方发达资本主义国家。在西方社会,“完整的国家”不仅包括政治社会,还包括市民社会,“市民社会也是‘国家’,并且不仅如此,市民社会恰好构成国家”。政治社会仅仅是国家前进的战壕,而市民社会则是披在国家外面的甲胄。因此,在西方发达资本主义国家,无产阶级革命的核心问题并不是立即夺取国家政权的问题,而是首先要通过摧毁市民社会夺取文化领导权的问题。

②对列宁主义继承创新的内容和侧重点不同

就列宁主义而言,布哈林说:“在我的政治生活的最主要阶段中,布列斯特时期以后的整个时期是列宁对我的影响越来越大的时期,我对他的感激之情是超过对任何别的人的。从我所受的马克思主义教育这一点来说是这样,从我有幸能和他同在一个队伍,并且他作为一个同志和人,而我有幸能站在他的身边这一点来说,也是这样。"①

布哈林坚持和继承了列宁的"工作重点转移"的思想。布哈林对列宁"工作重心转移到和平组织文化工作"思想进行了理论阐释,指出列宁的"文化建设"不应做狭义的文化解释,它意味着"无产阶级领导全体人民,它保证整个社会的发展,它成为整个'国民经济'的伟大的集体组织者"。列宁所说的"和平组织",这绝不是说"列宁在这里否定阶级斗争,因为'和平组织''文化建设'工作也是一种特殊形式的阶级斗争"②。布哈林高度认同列宁关于"工作重心转移"的思想,他多次表示:"关于工人阶级夺取政权后的文化问题,在一定的革命阶段会成为整个革命的中心问题。"③"是苏维埃政权和我党面临的中心问题之一,最主要的问题之一。"④

布哈林坚持和继承了列宁关于继承人类文化遗产的思想。布哈林反驳那些认为列宁不加辨别地要继承资本主义文化、犯了拿来主义的错误的言论,指出:"如果把事情描绘成这样,似乎列宁认为必须把资产阶级文化完整地、不加触动地简单地搬到我们这儿来,那就是绝对不正确的了。列宁没有这种方针。列宁多次说过,应当借用有益于无产阶级的东西,坚决摒弃一切有害的东西。"布哈林说:"需要回想一下,那时很大一部分工人——并且还有我党党员——不懂得这种必要性,当时需要有列宁这样铁的意志和铁的逻辑,才不至于让'左的词句'断送正确的革命政策的生动的事

① 中国社会科学院马列主义毛泽东思想研究所编《论布哈林和布哈林思想(译文集)》,贵州人民出版社,1981,第5页。

② 布哈林:《布哈林文选(中册)》,东方出版社,1988,第343页。

③ 布哈林:《布哈林文选(上册)》,东方出版社,1988,第90页。

④ 布哈林:《布哈林文选(中册)》,东方出版社,1988,第240页。

业，通过极端复杂曲折的历史道路把无产阶级引出有巨大危险的迷宫。”①

布哈林坚持和继承了列宁的知识分子思想。起初，布哈林对旧知识分子心存疑虑，反对同旧知识分子合作，但随着社会主义文化建设实践的深入发展，布哈林理解了列宁的知识分子思想，他说：“吸收‘老牌的’文化力量是完全不可避免的，而且从历史上来说也是必要的。认为没有技术知识分子和其他知识分子也能对付过去的观念，是非常可笑和绝对幼稚的。这是一种有害的幻想，在无产阶级及其政党的队伍中绝对不容许这种幻想存在。”②

布哈林坚持和继承了列宁的群众性文化普及思想。布哈林说：“在文化工作观点上，工人阶级及其政党放在首位的是群众……在我们这里群众是我们文化工作的中心，我们文化工作的重心就在于此。”布哈林进一步指出：“领导大量群众沿着文明的道路前进，创造伟大的群众文化运动，用文化的拖拉机把广阔的国家全部耕遍，引来的不是个别的钻石般的文化细流，而是群众性文化建设的波澜壮阔的巨流。”“在整个文化领域，我们已站在大规模任务的大门口，我们已走出‘室内’文化的小书斋，进入城市的大街广场，把文化的使者派往农村，派往穷乡僻壤。”③

葛兰西创新和发展了列宁的无产阶级领导权思想。葛兰西有别于列宁对政治领导的强调，突出领导权的文化因素，认为在西欧发达资本主义国家，无产阶级革命的首要任务不是取得政治领导权，而是要实现无产阶级对文化和意识形态的领导。“历史的（也

① 列宁：《列宁全集（第 34 卷）》，人民出版社，1985，第 160 页。
② 布哈林：《布哈林文选（上册）》，东方出版社，1988，第 57 页。
③ 布哈林：《布哈林文选（中册）》，东方出版社，1988，第 245 – 246 页。

就是具体的）进步阶级的知识分子，在一定条件下发挥这样一种感化力，最终，他们征服其他社会集团的知识分子。就这样，他们在所有的知识分子之间，建立起了一个以心理素质（虚荣心等）或常常是以身份特征（技术界、司法界、法人等）为纽带的凝聚体系。”[①]在领导权的取得方式上，列宁则坚持无产阶级必须通过暴力革命和武装斗争的方式取得领导权。而葛兰西的文化领导权思想则强调获得人民群众的“同意”。这种“同意”不能通过强制来实现，而是主要通过意识形态的吸引力、说服力和影响力，让被领导者接受领导者的意识形态和道德观念。有学者认为，“葛兰西是把领导权与‘强制’做了有机区分的，它是一个在历史中不断运动的过程；而列宁则认为它们是高度融合的，领导权只是一个革命策略”[②]。

（2）布哈林和葛兰西受到其他不同思想的影响

①布哈林受到普列汉诺夫、波格丹诺夫思想的影响

对于布哈林文化领导权思想而言，除了受到马克思、恩格斯和列宁的思想影响之外，有学者认为，布哈林受到普列汉诺夫思想的影响。普列汉诺夫是俄国马克思主义政党的创始人和领袖之一，是最早在俄国和欧洲传播马克思主义的思想家，被誉为“俄国马克思主义之父”。普列汉诺夫对马克思主义的广泛传播和在俄国文化界取得支配地位做出了卓越贡献，包括列宁、布哈林在内的俄国早期马克思主义者都深受普列汉诺夫思想的影响。

有学者认为，布哈林文化领导权思想还受到波格丹诺夫的思想影响。波格丹诺夫是无产阶级文化派的领袖，以马赫主义为指导，以创造无产阶级文化为己任，杜绝同旧文化发生联系，主张通

① 葛兰西：《狱中札记》，社会科学文献出版社，2000，第60页。
② 孙兴：《文化霸权理论研究》，社会科学文献出版社，2004，第17页。

过实验室的方法臆造所谓纯粹的“无产阶级文化”。当列宁批评波格丹诺夫的文化虚无主义论调时，布哈林为之辩护，“波格丹诺夫在这方面说的并不全是坏东西——他有一些很正确的好的想法。似乎可以说，有一种反对无政府主义、反对个人主义的集体主义的精神……同正在进攻的革命无产阶级的战斗特征结合起来了”①，表明布哈林赞同无产阶级文化的存在和创造无产阶级文化的必要性。

②葛兰西受到拉布里奥拉、克罗齐思想的影响

对于葛兰西文化领导权思想而言，除了受到马克思、恩格斯和列宁的思想影响之外，有学者认为，葛兰西受到拉布里奥拉理论的影响。拉布里奥拉是意大利宣传马克思主义的先驱，首先提出了“实践哲学”的概念，葛兰西高度评价了拉布里奥拉的实践哲学，认为实践哲学的核心要义是强调哲学与实践的有机统一。拉布里奥拉强调社会意识形态具有相对独立性，不仅具有自身发展的特点和规律，而且对社会发展具有能动的反作用，这对葛兰西文化领导权思想的形成产生了重大影响。拉布里奥拉较早地关注了马克思主义的整体性，而葛兰西的文化领导权思想则体现着总体性的思路，文化领导权争夺的场域即市民社会、夺取文化领导权的革命策略即阵地战和实施阵地战策略的主体即无产阶级有机知识分子这三个重要理论都是围绕夺取文化领导权而构建的整体革命战略。

还有学者认为，克罗齐思想对葛兰西文化领导权思想产生了重要影响。克罗齐是西方著名的哲学家，也是葛兰西的大学老师。他的“绝对的历史主义”是一种唯心史观，把意识形态置于社会结

① 布哈林：《布哈林文选（上册）》，东方出版社，1988，第 40 页。

构的核心地位，强调意识形态在历史发展过程中的决定性作用。葛兰西对克罗齐的唯心主义进行了批判，他将人置于一定的社会关系之中，看作社会的存在物，在此基础上，恢复了人的真实存在，积极扬弃克罗齐理论的唯心主义成分，充分肯定意识形态的功能和作用。

4.4 本章小结

本章重点研究布哈林与葛兰西文化领导权思想产生的理论来源比较。

布哈林文化领导权思想产生的理论来源主要是马克思主义和列宁主义相关理论。在马克思主义相关理论方面，包括意识形态理论、社会结构理论、精神生产理论等；在列宁主义相关理论方面，包括“工作重心转移”思想、文化革命思想、关于继承人类文化遗产的思想、知识分子思想和群众性文化普及思想。此外，布哈林文化领导权思想还受到普列汉诺夫、波格丹诺夫等人思想的影响。葛兰西文化领导权思想产生的理论来源，主要包括马克思主义和列宁主义相关理论。在马克思主义相关理论方面，包括意识形态理论、社会结构理论、市民社会理论和无产阶级革命理论等；在列宁主义相关理论方面，主要包括无产阶级领导权思想和文化革命思想等。此外，葛兰西的文化领导权思想还受到拉布里奥拉和克罗齐等人思想的影响。

布哈林与葛兰西文化领导权思想产生的理论来源存在异同点。布哈林和葛兰西文化领导权思想的理论来源的共同点是深受马克思主义和列宁主义相关理论的影响，不同点表现在布哈林和葛兰西对马克思主义和列宁主义继承的内容和侧重点不同，立足各自的具体社会历史环境对马克思主义和列宁主义的创新发展不同，除了受到马克思主义和列宁主义影响外，还受到其他不同思想的影响。

第5章　布哈林与葛兰西文化领导权思想关于夺取文化领导权的基本内容比较

布哈林与葛兰西文化领导权思想关于夺取文化领导权的基本内容比较是本书研究的核心内容，就布哈林与葛兰西文化领导权思想关于夺取文化领导权的基本内容来说，在夺取文化领导权的场域方面，两者都认为国家是文化领导权争夺的场域，区别在于布哈林所谓的场域是无产阶级已经夺取政权但经济文化比较落后的东方国家，葛兰西所谓的场域是无产阶级没有掌握政权但市民社会比较发达的西方国家；在夺取文化领导权的策略方面，布哈林和葛兰西都认为文化发展有其规律，不能采取强制力量或行政干预的手段，必须通过建设强大的无产阶级意识形态并在较量斗争中取胜，区别在于布哈林提出了党的一般领导下的"文化竞赛"策略，葛兰西提出了由"运动战"转向"阵地战"策略；在夺取文化领导权的主力方面，布哈林和葛兰西都认为无产阶级的知识分子队伍是夺取文化领导权的主力，都提出要大力培养无产阶级的知识分子队伍，通过培养和转化的方式形成无产阶级自己的文化力量，区别在于布哈林提出培养无产阶级的文化干部，采取思想改造利用和一定时期和平排挤其他阶级的知识分子方针，通过掌握教育领导权大规模提高人民群众的文化水平，源源不断地形成无产阶级文化干部和知识分子的补充阶层，葛兰西则提出了"有机知识分子"

理论，通过无产阶级政党培养自己的知识分子队伍，凭借建设日益强大的无产阶级文化吸引和转化其他阶级的知识分子。

5.1　夺取文化领导权的场域比较

无论是夺取政治领导权还是夺取文化领导权，都有其斗争活动的场域，即一定的时空背景和具体环境。事实上，只有准确把握夺取文化领导权的场域，认清文化领导权建设的主要特点和所面临的复杂环境，才能在夺取文化领导权的活动中避免“左”的和右的错误，也才能找准文化领导权建设的着眼点，提出既符合实际又行之有效的策略方针。

5.1.1　布哈林的文化领导权建设基础论

布哈林认为，准确把握苏联无产阶级文化领导权建设的基础，应当从文化的原则、文化的集约性和文化的粗放性三个方面进行具体的考察。在这里，他是把封建社会内的资产阶级文化和资本主义社会内的无产阶级文化进行比较来论述无产阶级文化领导权建设的起点或基础这一问题的。在布哈林看来，苏联无产阶级专政的过渡时期，无产阶级虽然掌握国家政权，即政治领导权，但是无产阶级的文化原则没有完全实现，无产阶级文化的集约性和粗放性还不强，在某种程度上，还不如资产阶级文化甚至地主阶级文化。由于新兴无产阶级政权是在俄国落后的经济文化基础上建立的，这更加剧了苏联无产阶级文化领导权建设的复杂性和困难程度。

1. 无产阶级文化的原则

布哈林认为,文化原则是指"关于某种文化所特有的、独特的标志和'原则',关于某种意识形态的'风格',关于某种意识形态的基本趋向和方法等"①,"这种文化将产生什么新事物"②。这一定义表明,文化原则是指某种文化所特有的标志、风格、方法和趋势,是反映某种文化本质的法则和方法。布哈林指出:"如果我们观察老的封建的地主文化,我们就会看到,它的原则基础(如果可以这样说的话)、它的轴心,是由两个因素组成的。""第一是不折不扣地到处都暴露出来的整个文化的极端停滞,这是从封建社会本身的停滞,从它深刻的保守主义产生的。由此就产生了整个文化生活受传统支配的情况。""这一封建文化的第二条原则是等级原则——权威原则,……这一原则在科学领域和随便哪一种构思的领域,都导致诉诸传统并把这一传统承认为最高权威。"③布哈林进一步指出,就文化原则来说,资产阶级比地主阶级站在更高一层。在封建社会,"静的观点为动的(进化的)观点所代替,经院式的思辨哲学为自然科学经验的原则所代替,封建束缚社会的教条主义为'有思维能力的个人'的批判主义所代替。如果从文化的实际作用方面,即文化帮助控制自然力达到何种程度(正应该这样提问题)方面寻找批判文化'高度'的标准,那么,这种新的资产阶级文化的进步性是不容置疑的"④。这一重要论述表明,资产阶级的

① 布哈林:《布哈林文选(上册)》,东方出版社,1988,第46页。
② 布哈林:《布哈林文选(上册)》,东方出版社,1988,第84页。
③ 布哈林:《布哈林文选(上册)》,东方出版社,1988,第85页。
④ 布哈林:《布哈林文选(上册)》,东方出版社,1988,第46页。

文化原则中进化的观点取代了静的观点，自然科学经验的原则取代了思辨哲学，批判主义取代了教条主义，等等。总之，"在封建主义范围内，资产阶级文化在它的结构方面就已经高于农奴制的文化"。

布哈林认为，在资本主义社会，"无产阶级文化就其结构以及方法和原则来说，是高于资产阶级文化的"。在文化原则方面，以下两个互相联系的论点是新的。"第一，正如工人阶级有克服资本主义生产无政府状态的倾向一样，它也有克服文化和知识的生产面临的无政府状态的倾向，这就是说，它了解，为了使一切所谓的文化价值的各种科学分枝发挥最大的效果，必须把它们综合起来，产生一个共同的世界观体系，各个文化的分支的结合和计划性以代替无政府状态——这是无产阶级文化的第一个原则。"[①]第二条原则是"无产阶级指出一切'文化珍品'的实际意义，从而消灭资产阶级思想家所信奉的盲目崇拜"。布哈林分析指出："无产阶级用社会技术的合乎目的原则代替了各式各样的'绝对命令'和'绝对理想'。无产阶级把进化的观点扩大为革命的观点，消除了资产阶级对动力学原则的限制，并且充实了它的内容。不言而喻，无产阶级继续了革命资产阶级意识形态的批判和依靠经验的倾向，而在现代资产阶级那里，这种倾向已为神秘主义、神智学、通灵术和宗教所提供的形形色色的意识形态代用品所代替。"[②]无产阶级在资本主义社会内部就已经摸索到这些原则的萌芽。

① 布哈林：《资产阶级革命与无产阶级革命》，载《社会主义及其文化》，重庆出版社，2015，第195页。

② 布哈林：《布哈林文选（上册）》，东方出版社，1988年，第52页。

2. 无产阶级文化的集约性

布哈林指出,所谓的文化的集约性,是指文化的“趋向、方法和原则的研究深度问题”[①]。简单地说,文化的集约性就是指这种文化原则加工得有多深。在封建社会,地主阶级掌握国家政权并形成了自己的文化力量。“不能否认这样一个事实:封建主义的意识形态——就拿托马斯·阿奎那来说吧——是一个相当完备的‘完整的’体系。”[②]但是,资产阶级在夺取政权之前,其文化在集约性方面就已经超过了地主阶级的文化。布哈林举例说,法国的唯物主义者狄德罗等人的《百科全书》是在资产阶级夺取政权之前写成的。究其原因,布哈林分析指出,“资产阶级和封建地主阶级之间的关系,不是被剥削者与剥削者之间的关系”,虽然地主阶级掌握政权,它的经济政策也经常使资产阶级遭受损失,但创造价值和剩余价值的不是资产阶级,这只不过是资产阶级和地主阶级之间进行着利益的分赃。随着资本主义生产方式在封建社会内部的形成和发展,资产阶级积累的物质财富越来越多,他们“已经用精密知识和科学充分武装起来,他们有自己的文化力量和具有专门技能的力量可供使用”[③],从而大大提高了资产阶级文化的集约性。

布哈林进一步指出:“如果说,无产阶级文化就其原则来说是较高一筹的,那么,它的集约性——这里谈的是资本主义社会——却远远不如资产阶级文化。”无产阶级首先是在阶级斗争中发展自己的文化的,比如在社会科学方面,“马克思的最有天才的学说就

---

① 布哈林:《布哈林文选(上册)》,东方出版社,1988,第46页。

② 布哈林:《资产阶级革命与无产阶级革命》,载《社会主义及其文化》,重庆出版社,2015,第166页。

③ 布哈林:《布哈林文选(上册)》,东方出版社,1988,第82页。

是这方面的最优秀的典范”，又如在实际政治方面，“无产阶级还可以创造出在熟练程度上相等的，有时甚至较为优越的干部力量”。由于在资本主义制度下，无产阶级遭受经济上的剥削、政治上的压迫和文化上的压制，导致无产阶级的物质文化生活十分贫困，无产阶级不可能凭借自己的力量从内部产生足够的文化力量，“无产阶级不能培养出自己的自然科学家、工程师、技术员、农艺师、艺术家、建筑师、地质学家、生产组织者、熟练的专业发明家、数学家、诗人、法学家、银行家、演员以及诸如此类的干部。在资本主义范围内，无产阶级在这方面不能像它在社会理论和实际政治方面那样提出同样多的自己的东西”。总的来说，“同资产阶级拥有的东西比较起来，这实在少得可怜”[①②]。无产阶级政权的任务、职能、作用正在于，使“工人阶级在这个过渡时期成长为一个产生所有这些文化力量的阶级，成熟到一个能够管理社会的阶级”[③]。

3. 无产阶级文化的粗放性

粗放性原是一个经济学术语，布哈林将其应用于文化领域，创造了文化的粗放性这一新概念，是指“关于这些意识形态和素养所掌握的人的范围问题，即关于掌握的广度、关于该文化的粗放领域问题”。简单地说，就是这种文化传播得有多远，有多少人受到这种文化的影响。布哈林指出：“早在土地贵族这一国家的栋梁被推翻以前，资产阶级在这方面就已经高于土地贵族了。”也就是说，在封建社会，资产阶级文化的粗放性要高于地主阶级文化的粗放性。

① 布哈林：《资产阶级革命与无产阶级革命》，载《社会主义及其文化》，重庆出版社，2015，第170页。

② 布哈林：《布哈林文选(上册)》，东方出版社，1988，第52－53页。

③ 布哈林：《布哈林文选(上册)》，东方出版社，1988，第92页。

这是“由于我们把封建文化理解为高水平的意识形态和素养，所以封建文化具有表现得很露骨的等级性质”，地主阶级文化这种等级原则，使接受文化教育的只有少数人，主要是封建的地主贵族等社会上层人士。相比之下，“资产阶级文化的基础不能不更加广泛一些。所谓的‘知识民主化’，实际上还是封建主义制度崩溃以前就在资产阶级革命中开始了”①。

布哈林进一步指出，在资本主义社会，无产阶级文化在粗放性方面远不如资产阶级文化。我们可以看到，“整个的工人阶级大军处于资产阶级偏见和资产阶级思想体系的影响之下”②。无产阶级的上层还出现了一些叛徒。“他们是被资产阶级文化，被资产阶级社会的社会联系和意识形态联系的全部总和从工人中间培育出来的可怜的产物。”“我们还看到无产阶级最广大的群众在技术、教育、政治等方面极其缺乏训练的情况。”资产阶级文化犹如阿尔卑斯山一样压在无产阶级的头上，然而资产阶级却很少有人受到无产阶级文化的影响，导致这种结果的原因在于资产阶级的国家机器、学校和教会等。“资产阶级制度的这些机器俘虏了整个无产阶级大军。”③正如布哈林所说：“工人阶级的最先进阶层提出新的原则，但是说到传播这些原则，那么在这方面工人阶级还只是一个光着屁股到处乱跑的小娃娃。工人阶级有一支小小的先头部队，它就这些原则进行思考和提出新的东西，但是这些新的文化原则的传播是微不足道的。”④

① 布哈林：《资产阶级革命与无产阶级革命》，载《社会主义及其文化》，重庆出版社，2015，第166页。

② 布哈林：《布哈林文选（上册）》，东方出版社，1988，第88页。

③ 布哈林：《布哈林文选（上册）》，东方出版社，1988，第53页。

④ 布哈林：《资产阶级革命与无产阶级革命》，载《社会主义及其文化》，重庆出版社，2015，第197页。

布哈林最后总结道:“在资本主义制度的范围内,无产阶级可以为未来的文化作一些极其天才的暗示,为人类文化的进一步发展创造卓越的条件,但是,无产阶级这个文化上受压迫的阶级在这种范围内不能把这些条件发展到能够培养自己去组织整个社会的程度。无产阶级来得及训练自己去‘破坏旧世界’。它只有在自己专政的时期,才能‘改造自己本性’,并且成熟为社会的组织者。”①这表明:在封建社会,资产阶级文化无论在文化的原则上还是在文化的集约性和粗放性上都要高于地主阶级文化,资产阶级在夺取国家政权即政治领导权之前,就已经夺取了文化领导权了。在资本主义社会,无产阶级文化在虽然在文化的原则上高于资产阶级文化,无产阶级文化在文化的集约性方面除了个别领域外都要落后于资产阶级文化,无产阶级文化在文化的粗放性方面则远远落后于资产阶级文化。所以,从总体上说无产阶级文化要落后于资产阶级文化。无产阶级只有掌握国家政权时,才能逐步成长为一个在文化上成熟的阶级,才能逐步地夺取文化领导权。

5.1.2　葛兰西的市民社会理论

市民社会理论是葛兰西文化领导权理论的重要组成部分,是他在对比俄国革命成功和欧洲革命失败的基础上发展出来的。虽然市民社会理论历史悠久,但是葛兰西对其进行了创新改造,并将它纳入实践哲学的庞大体系中去。由于西方国家有着发达的市民社会,无产阶级革命斗争场域只能转移到市民社会中去。笔者从

① 布哈林:《资产阶级革命与无产阶级革命》,载《社会主义及其文化》,重庆出版社,2015,第172页。

市民社会的本质特征与构成、市民社会与国家的关系以及市民社会的主要功能等角度把握葛兰西市民社会理论的内在逻辑，以期呈现一个科学完整的理论图景。

1. 市民社会的本质特征与构成

黑格尔认为，市民社会的本质是一个私人的松散的联合体，类似商团或行业公会这样的组织，它反映的是一种经济关系，表现出自由资本主义的经济属性，因此在黑格尔看来市民社会是涣散的、没有组织性的，它容易成为人类私欲的战场，所以黑格尔看重国家的作用，认为国家决定市民社会的发展，希望用国家的强制力来维持市民社会的秩序。马克思将黑格尔的市民社会与国家的关系颠倒了过来，不是国家决定市民社会，而是市民社会决定国家。马克思认为市民社会的本质是经济基础，代表了生产力和生产关系的总和，也就是说市民社会与国家的关系是经济基础与上层建筑之间的关系。同时市民社会具有政治属性，当市民社会要解放自己，和国家进行斗争的时候，政治属性就突显了。

葛兰西的市民社会理论吸收借鉴了黑格尔和马克思的市民社会理论，在他们理论的基础上进行了创新发展。这种理论创新有着深刻的时代背景，一方面，从现实的革命实践角度看，葛兰西通过对比俄国革命的成功和欧洲革命的失败，发现了市民社会在其中所起的关键作用。葛兰西发现俄国革命成功和欧洲革命失败的原因在于二者社会结构的不同，葛兰西分析了俄国和西方的市民社会，"在俄国，国家就是一切，市民社会处于原始状态，尚未开化；在西方，国家和市民社会关系得当，国家一旦动摇，稳定的市民社会结构立即就会显露”[①]。另一方面，垄断资本主义快速发展，美国福特制资本主义也确立了标准化的流水线生产模式，资本主义组织化生产普及开来，生产效率大大提高，产生了与自由资本主义时期相比而言的高工资、高福利和高消费的状态，民众的生活方式发生剧烈变化。与此同时，资本主义对私人领域进行大规模侵犯，甚至包括人们性生活本身也已经被操控。这样，借助资本主义组织化生产方式，国家对民众的生理和心理进行了规训和操控，建立了强大的防御机制，资本主义市民社会由此变得异常强大。“这些国家的‘市民社会’已经演变为更加复杂的结构，可以抵制直接经济因素（如危机、萧条等）‘入侵’的灾难性后果。市民社会的上层建筑就像现代战争的堑壕配系。”[②]

在葛兰西看来，“市民社会所包括的不是整个物质关系，而是整个思想文化关系，不是整个商业和工业关系，而是整个知识和精神生活”[③]。其本质特征表现在两方面，一是葛兰西将市民社会从经济基础领域拉回到上层建筑领域，二是葛兰西市民社会理论从经济和政治的批判转向文化批判。“葛兰西所指的市民社会主要不属于人们进行劳动生产和商品交换的经济活动领域，而主要属于意识形态和文化的领域；不属于经济基础，而属于上层建筑。”[④]葛兰西市民社会的构成载体主要包括各种民间组织、政党、工会、学校、教会、新闻机构以及公民团体等，葛兰西将政治、哲学、文化和宗教等意识形态的东西都纳入市民社会的范畴里，这些都是上

① 葛兰西：《狱中札记》，曹雷雨、姜丽、张跣译，河南大学出版社，2016，第193页。

② 葛兰西：《狱中札记》，曹雷雨、姜丽、张跣译，河南大学出版社，2016，第190页。

③ 萨尔沃·马斯泰罗内主编《一个未完成的政治思索：葛兰西的〈狱中札记〉》，社会科学文献出版社，2001，第49页。

④ 李佃来：《葛兰西与当代市民社会理论传统》，《学术月刊》2004年第1期。

层建筑的组成部分，因此当市民社会成为文化领导权斗争场域的时候，批判斗争的对象自然就转变到文化领域了，或者也可以说转到上层建筑领域。

2. 市民社会与国家的关系

（1）阶级国家与治理有方的社会

葛兰西在探讨市民社会与国家的关系时，着重指出要注意区分阶级国家和治理有方的社会，以及伦理国家与政治国家这两组概念。这两组概念至关重要，它涉及市民社会与国家的关系问题。

首先，关于阶级国家和治理有方的社会这组概念。葛兰西认为的治理有方的社会，实际上就是共产主义社会，它与资本主义社会，即阶级国家相对应。“只要存在阶级国家，就不可能存在治理有方的社会，即使可能，也只是象征意义的存在，也就是说，只能从阶级社会也是治理有方的社会的意义上理解。”[①]葛兰西认为中产阶级和小知识分子会混淆阶级国家和治理有方的社会，他们防止各种激烈斗争和动乱的治理措施。葛兰西极其反感这一点，认为国家发展朝共产主义社会进发是不可阻挡的。因此葛兰西要在市民社会层面上与这些中产阶级和小知识分子争夺文化领导权，壮大自己的同盟，消灭阶级国家，建立一个治理有方的社会，如果要做到这一点，就必须掌控市民社会。

其次，关于伦理国家与政治国家这组概念。克罗齐提出了“伦理国家”这个概念，他认为国家可以分为政治的国家和伦理的国家，也可以理解为实用的国家和道德的国家，这两者处于不断的辩

① 葛兰西：《狱中札记》，曹雷雨、姜丽、张跣译，河南大学出版社，2016，第212页。

证矛盾中,并且克罗齐以教会和国家的冲突来比喻伦理国家和政治国家之间的关系。在葛兰西看来,克罗齐伦理国家理论最合理和具体的一点就是“每个国家都是伦理国家,因为它们最重要的职能就是把广大国民的道德文化提高到一定的水平,与生产力的发展要求相适应,从而也与统治阶级的利益相适应。学校具有正面的教育功能,法院具有镇压和反面的教育功能,因此是最重要的国家活动。”[①]“伦理国家”强调了国家的道德与教化功能,但是这种看法存在一种把国家完全机构化的危险,忽视了人的活动所产生的作用。葛兰西对此进行了批判式补充:“大批其他所谓的个人主动权和活动也具有同样的目的,它们构成统治阶级政治文化霸权的手段。”[②]葛兰西将伦理的国家和政治的国家结合起来了,国家和个人将会共同创造一个伦理国家,个人和社会的奋斗目标趋向一致,创造物质和精神的协调统一的社会机制。在这里个人的作用是一个集合概念,即所有人的联合体,就是市民社会,也就是说葛兰西将由个人组成的市民社会和由国家机构组成的政治社会进行区分同时又相互结合。

(2)市民社会与守夜人国家

守夜人国家强调的国家的职能只是保卫治安、维护法律尊严,如同夜晚守卫的宪兵,以至于人们普遍相信在这样的政权之中,“私人力量、市民社会等掌握了历史发展的霸权”[③]。很显然,这种观点是将国家的职能与市民社会的职能对立起来,葛兰西认为市民社会也属于国家,并且市民社会正是国家本身。葛兰西认为在

---

① 葛兰西:《狱中札记》,曹雷雨、姜丽、张跣译,河南大学出版社,2016,第213页。
② 葛兰西:《狱中札记》,曹雷雨、姜丽、张跣译,河南大学出版社,2016,第213页。
③ 葛兰西:《狱中札记》,曹雷雨、姜丽、张跣译,河南大学出版社,2016,第216页。

社会发展朝着治理有方的社会前进时，会经历几个阶段，即“人们必须经过‘国家’等于‘政府’、‘国家’等于‘市民社会’的阶段，到达国家成为守夜人的阶段”[①]。

守夜人国家是与伦理国家或干涉主义的国家相对应而产生的。伦理国家是指“世俗国家的自主、教化和道德活动，与中世纪残余的世界主义和实施干预的宗教教会组织形成鲜明的对照”[②]。而“干涉主义国家”的概念具有经济根源，“一方面与支持保护政策和经济民族主义的倾向相关，另一方面起因于强迫一些拥有土地、具有封建渊源的国家人员采取‘保护’劳动阶级的手段，限制过度的资本主义”[③]。无论是伦理国家还是干涉主义的国家，它们的共同点是强调国家功能的重要性，可以认为是一种统一的领导权，但是守夜人国家不是这样，它其实弱化了国家的功能，更加突出社会的重要性，可以理解为“小政府大社会”模式。

守夜人国家这个概念出现是自由资本主义的快速发展的结果，自由资本主义希望“市民社会以及由此产生的各种力量掌握历史主动权，而由‘国家’监督‘公平竞争’和游戏规则”[④]。自由资本主义不希望国家通过权力去干涉他们的发展，在葛兰西看来，自由资本主义发展形态就是市民社会的一种模式，在资本主义发展的过程中，各种力量进行了联合，在政治、经济、文化上都和以往的社会大不一样，资本主义下的市民社会将经济基础与上层建筑联合了起来，资本主义作为新兴力量必然最大化地发展自身的力量，因此市民社会逐渐发展壮大，他们能够自我管理，不需要过多地寻求

① 葛兰西：《狱中札记》，曹雷雨、姜丽、张跣译，河南大学出版社，2016，第 218 页。
② 葛兰西：《狱中札记》，曹雷雨、姜丽、张跣译，河南大学出版社，2016，第 217 页。
③ 葛兰西：《狱中札记》，曹雷雨、姜丽、张跣译，河南大学出版社，2016，第 217 页。
④ 葛兰西：《狱中札记》，曹雷雨、姜丽、张跣译，河南大学出版社，2016，第 217 页。

国家的力量。

(3)市民社会与整体国家

葛兰西创造了一个国家和市民社会关系的重要公式,即:国家 = 市民社会 + 政治社会。“对国家的基本认识离不开对市民社会的认识(因为人们可以说国家 = 政治社会 + 市民社会,即强制力量保障的霸权)。如果关于国家的学说把国家看作可以有意灭亡的或认为国家可以演变为治理有方的社会,上述论点就是它的基础。随着治理有方的社会的各种要素变得越来越明显,不难想象国家的强制因素会逐渐消失。”[①]很显然,当国家是政治社会和市民社会的统一体时,它是以强制力量为保障的,国家的政治功能更加突出,如监控、管理、组织等。当市民社会大幅度发展,政治社会的功能就会弱化,甚至逐渐消失,那么国家就变成了市民社会本身,更加突出其伦理教育的功能,也即人们经历了国家—政府—市民社会这样的阶段,也就是说治理有方的社会就实现了。

在这里,葛兰西将市民社会与政治社会做了明确的区分,“通常国家被理解为政治社会(为使人民群众同某种生产类型及特定时期经济相一致的专政或强制机关),而不是视为政治社会与市民社会(某个社会集团,通过教会、工会、学校等所谓非政府组织对整个民族社会行使的领导权)的平衡,而知识分子恰恰在市民社会活动”[②]。政治社会和市民社会处于一种对立统一的斗争状态之中,市民社会产生于政治社会之中,国家形态逐渐发展之后,市民社会开始出现,规模不断扩大,市民社会和政治社会不断争夺国家的权力和资源。随着自由资本主义的产生,市民社会与政治社会的斗

① 葛兰西:《狱中札记》,曹雷雨、姜丽、张跣译,河南大学出版社,2016,第217-218页。

② 葛兰西:《狱中书简》,田时纲译,人民出版社,2007,第348页。

争趋向于激烈状态，在斗争的过程中产生权力的分离，资本主义政治制度也随之确立，市民社会的力量也越来越大。

这个重要的公式展现了一个“整体国家”的概念，由于它将市民社会囊括进国家的概念里，因此市民社会成为整体国家的重要组成部分，使得西方资本主义国家开始表现出一种新的国家形象，可以称之为“市民国家”。“市民国家”的一个重要的特征就在于它自身有着强大的教育功能。国家的统治需要获得被统治者的同意，如果缺乏广泛的民意基础，一个国家即使建立起来也难以维持。在西方国家，市民社会就承担起对社会成员进行教育的职能，使之自愿接受国家的统治。但是这并不意味着国家机器的消失，只是它的部分功能弱化了或转移到市民社会中去了，统治模式变成了“强制 + 同意”，在葛兰西看来，这是国家形态的一种进化。

3. 市民社会的主要功能

葛兰西在分析市民社会的本质与构成、市民社会与国家的关系的基础上，阐释了市民社会的重要功能，充分肯定了市民社会所具有的教化功能、防御功能和场域功能，也为无产阶级整体革命指明了方向，对西方马克思主义的产生和发展具有重要理论意义。

第一，市民社会具有教化的功能。一个值得注意的特殊现象是，资产阶级在取得政权之前，就已经取得了文化领导权。资产阶级夺取政权之后，更加重视文化和意识形态的建设。他们通过国家机器掌控了社会上大部分资源，培育资产阶级知识分子，来影响和组织民众，建立了更加坚固的市民社会与国家。可以发现资产阶级建立了许多市民社会的组织，包括民间的学术组织、文艺团体、政党、教会、学校、大众传媒等，这些市民社会组织开展一系列的文化活动,能够把资产阶级的文化价值观向本阶级成员和其他社会成员灌输,并有效地说服他们认同自己的意识形态,把资产阶级的意识形态改造说成整个社会和全体人民的共同价值观,从而获得所谓的"共识",使广大的社会成员站到自己一边。在这个过程中,市民社会就发挥了教化人民群众的功能。

第二,市民社会具有防御的功能。在葛兰西看来,西方社会完整的国家是"政治社会 + 市民社会",统治模式变成了"强制 + 同意"。这就意味着当西方国家的政治社会即国家政权受到外部力量的暴力攻击时,市民社会就像国家的外衣和甲胄,变成了阻挡敌人前进的战壕和堡垒,抵御外部力量的进攻,保卫政治社会即国家政权。在无产阶级没有取得文化领导权的情况下,无产阶级革命缺乏广泛的民意基础,而它所要攻击和推翻的政治对象恰恰获得了被统治者的"同意"而愈加稳固,即便无产阶级通过运动战的方式强行进攻,侥幸取得了政权,也会由于没有占领市民社会,缺乏广泛民意而难以持久,最终也会丢掉政权。

第三,市民社会具有场域的功能。由于西方国家市民社会的发达和整体国家的变化,无产阶级只有首先赢得文化领导权,才能最终夺取国家政权,获得彻底解放。在葛兰西看来,无产阶级夺取文化领导权的首要任务就是占领市民社会。其斗争策略是通过培育无产阶级的有机知识分子,采用阵地战的策略一个一个夺取市民社会的文化阵地,逐步改变人们所习惯的"常识",改变人们的思维方式、生活习惯、道德信仰和价值观念,确立起无产阶级的世界观以及新的道德观念和新的"集体意志"。市民社会在其中就成为资产阶级和无产阶级双方争夺文化领导权的场域。

应当说,葛兰西的市民社会理论对西方马克思主义理论的发展产生了重要影响，如法兰克福学派代表人物哈贝马斯沿着葛兰西市民社会理论研究路径，进一步提出了自己的见解，他将市民社会定义为公共交往领域，“政治权力必须根植于交往权力，根植于市民社会的商谈和交往，根植于受到公民社会力量控制的公共领域”①。葛兰西的市民社会本质上是一种文化批判，或者是意识形态领域的革命，因为他剥离了经济的功能，将它拉到了上层建筑的领域。因此，葛兰西市民社会理论让统治阶级对意识形态领域更加重视，它涉及风俗习惯、宗教信仰、伦理道德及艺术审美等各个领域。对这些意识形态领域的有效把控，是发达资本主义国家阻止革命发生的最佳防御机制。

5.1.3 布哈林与葛兰西对夺取文化领导权场域的认识异同

关于文化领导权争夺的场域问题，是文化领导权理论的重要方面和首要问题，从表面上看，布哈林和葛兰西都认为文化领导权争夺的场域是国家，都认为文化职能是国家的重要职能，应当夺取施加文化影响的宣传机器为我所用，这是布哈林和葛兰西在争夺文化领导权场域问题上的相同点。区别在于，布哈林所说的场域是无产阶级及其政党已经夺取政治领导权的东方国家，葛兰西所说的场域是无产阶级尚未夺取国家政权、但市民社会比较发达的西方国家，造成这一区别的除了革命实践活动的具体情况不同外，还涉及对市民社会理论、市民社会与国家关系和如何夺取文化领导权场域等基本问题的认识差异。

① 徐步华：《20世纪“市民社会”概念的三次重要转变：葛兰西、科亨和阿拉托、哈贝马斯》，《世界哲学》2019年第3期。

1. 市民社会理论的认识差异

葛兰西的市民社会理论是其文化领导权思想的重要组成部分，他对市民社会概念的理解是从“完整国家”概念入手的，认为市民社会是完整国家的一部分，是国家统治的一种方式，其本质是观念上层建筑，即意识形态，基本构成包括民间组织、政党、教会、学校、大众传媒等文化组织机构，主要职能是对广大人民群众施加意识形态的教育影响，为统治阶级的政治统治提供民意基础。布哈林所理解的市民社会深受马克思主义的影响，认为市民社会是一个社会的经济结构，从社会形态来看，市民社会属于经济基础的范畴，是政治上层建筑和观念上层建筑的来源，决定着上层建筑的产生、性质和发展。可见，布哈林所理解的市民社会同葛兰西的市民社会理论完全不同。但是，如果将市民社会看作意识形态及其物质构成，发挥着意识形态教化功能，这一点符合马克思主义关于意识形态理论的论述，同布哈林关于意识形态的理论认知是基本一致的。

2. 市民社会与国家关系的认识差异

葛兰西立足西方发达资本主义国家，从“完整国家”这一概念入手，认为完整国家不仅包括传统意义上的政治社会，即以国家暴力机器为后盾进行统治的强制社会，而且包括市民社会，它承担着国家对广大人民群众施加意识形态教育与影响的功能，是完整国家的一部分。随着市民社会的日益发展，国家的统治职能逐步转移到市民社会，传统政治社会的统治职能在弱化，国家主要通过市民社会履行意识形态职能促使广大人民群众自觉地认同统治阶级的意识形态，让国家在获得广泛民意的基础上增强政治统治的合法性。在葛兰西看来，市民社会已经成为政治社会或者传统国家的外衣和甲胄，一旦政治社会或者传统国家受到进攻，市民社会将迅速成为挡在国家面前的堡垒和壕沟，因此，在西方社会，无产阶级要想夺取国家政权，必须夺取文化领导权；首要的任务就是摧毁和占领资产阶级的市民社会，也就是说，市民社会是夺取文化领导权的重要场域。葛兰西进一步指出，之所以无产阶级革命在东西方社会有截然不同的命运，其根本原因就在于：西方国家是政治社会加市民社会，不摧毁市民社会，无产阶级革命就缺少正当性和动员力，即便侥幸夺取国家政权，也不会持久地掌握国家政权。因此，在西方国家无产阶级的首要任务是夺取文化领导权；在东方社会，由于市民社会不发达，国家就是一切，只要通过无产阶级暴力革命就能夺取国家政权。

布哈林遵循了马克思主义关于市民社会的论述，没有从意识形态视角探讨过市民社会，他所理解的国家是阶级矛盾不可调和的产物，是阶级统治的重要工具。至于葛兰西所谓的东方国家的市民社会处于原始状态，相较于西方国家的市民社会不发达，在国家结构上，政治国家就是一切，国家基本上是依靠强制力量进行统治的，换句话说，东方落后国家仅仅依靠暴力进行统治，不重视意识形态建设或意识形态职能较弱，缺乏广泛的民意基础，对这一点，布哈林的思想理论是完全不赞同的。在布哈林看来，任何阶级国家都拥有政治统治职能和意识形态职能，任何阶级国家都重视意识形态建设，都注重阶级统治的合法性问题。布哈林指出，对于资产阶级而言，资产阶级凭借自身的物质力量就已经形成了自己的知识分子群体和文化力量，在欧洲掀起了文艺复兴和启蒙运动，大力传播了资产阶级的意识形态，战胜了地主阶级的意识形态，在夺取国家政权之前就取得了文化领导权，在夺取国家政权后，资产阶级更加重视意识形态建设；对于地主阶级而言，地主阶级利用在政治上的统治地位和在经济上的优势，形成了属于本阶级的知识分子队伍和文化力量，并且构建了以等级和权威为原则的意识形态体系，有些封建国家的意识形态建设与宗教相结合，制造了“君权神授”等思想理论，甚至建立了政教合一的国家政权，它的意识形态功能还要强大，对广大人民群众影响巨大，在某种意义上说也获得了广泛的民意。布哈林举例道，在古代埃及生产力水平极端落后的情况下，统治者之所以征调大批劳动力修建宏伟的金字塔、巨型的法老神像，其原因就是在没有报纸、通讯社等宣传媒介的时代，艺术就发挥了意识形态的纽带作用。没有奴隶、农民在这些高大雄伟的艺术文物震慑下对神秘权力的崇拜，社会及其经济结构就要走向崩溃，国家政权的基础就会出现动摇。

3. 如何夺取文化领导权场域的认识差异

葛兰西认为，市民社会是争夺文化领导权的场域，又因为市民社会构成“整体国家”，是政治社会或传统国家的堡垒和战壕，只有攻破和占领市民社会，夺取文化领导权，才能最终夺取国家政权。但是，夺取文化领导权，就不能采用俄国运动战的方式，只能采取阵地战的策略，通过无产阶级的有机知识分子一点点、毛细血管式地争夺施加文化影响的机器和阵地，逐步地摧毁和占领资产阶级的市民社会。因此，在葛兰西看来，市民社会是整体国家的组成部分，夺取文化领导权的斗争同夺取国家政权的暴力革命一样，都是无产阶级革命的战略策略，都是无产阶级整体革命的有机组成部分。

布哈林对夺取文化领导权场域问题也进行了深入思考,认为对于无产阶级来说,不夺取国家政权而直接夺取文化领导权那是不可能的。在地主阶级意识形态相对弱小的封建社会是这样的,在资产阶级意识形态强大的资本主义社会更是这样。布哈林举例分析道:在封建社会,资产阶级不是一个在经济上受剥削的阶级,相反资本主义生产方式已经在封建社会内部逐步形成和发展起来,资产阶级凭借生产资料的私人占有剥削聚集了大量物质财富,以此形成了资产阶级的知识分子队伍,资产阶级借助这一支强大的文化力量创造了强大的资产阶级意识形态,在文化的原则、文化的集约性和粗放性等方面均超过了地主阶级的意识形态,使得资产阶级在夺取国家政权之前就已经取得了文化领导权。但是,在资本主义社会,无产阶级的状况就完全不是这样。由于无产阶级受到资产阶级在政治上的压迫、经济上的剥削、文化上的压制,无产阶级不仅在物质生活上十分贫困,而且在精神生活上也十分匮乏。广大无产阶级及其子女没有受教育的权利特别是受高等教育的权利,也没有物质等有利条件形成自己的知识分子队伍,甚至无产阶级政党的领袖还是由来自其他阶级的人组成的,整个无产阶级处在文化上十分落后的状况。在这种情况下,特别是葛兰西所论述的市民社会发达的情况下,无产阶级想凭借自己的文化力量夺取资产阶级的文化阵地,进而夺取文化领导权是不可能实现的。布哈林进一步指出,无产阶级虽然在文化上不是一个成熟的阶级,但是经过长期的革命斗争实践,在政治上是一个比较成熟的阶级,无产阶级及其政党可以通过暴力革命的方式夺取国家政权,凭借国家政权的力量夺取教育领导权,占领施加文化影响的国家机器,大力发展无产阶级文化,才能逐步地取得文化领导权。

5.2　夺取文化领导权的策略比较

在深刻把握夺取文化领导权场域问题的基础上,通过实施何种策略进行夺取文化领导权的斗争是文化领导权理论研究的重要课题。布哈林提出要在坚持党对文化的一般领导的前提下,实施"文化竞赛"的策略,葛兰西提出无产阶级的革命策略应由"运动战"转向"阵地战",两者有着相当程度的共同点,都强调夺取文化领导权的斗争要遵循文化发展的一般规律,反对强制性的行政干预,区别在于对实施夺取文化领导权策略的支持系统的认识不同。

5.2.1　布哈林党的一般领导下的"文化竞赛"策略

如何在无产阶级专政的过渡时期,逐步掌握或独自掌握文化领导权,这是摆在无产阶级及其政党面前的一个重大课题。为此,以瓦尔丁等人为代表的"岗位派"以无产阶级作家自居,以创造无产阶级文化为己任,盲目估计无产阶级文化建设的成就,主张通过阶级斗争的方式打击非无产阶级作家,提出由他们所把持的无产阶级作家协会充当文化专政的工具,觊觎苏联文化工作的领导权。布哈林对"岗位派"进行了严肃的批评,根据无产阶级文化状况与文化发展的自身规律,提出了坚持党对文化的一般领导和开展广泛的"文化竞赛"的策略。

1. 坚持党对文化的一般领导

坚持党对文化的一般领导,是开展“文化竞赛”的重要前提。“岗位派”提出由他们所把持的无产阶级文化协会充当文化专政的工具,觊觎党的文化工作领导权。对此,布哈林明确提出,要坚持党对文化工作的领导,反对文化团体或组织偏离文化创造的职责,而成为某种行政机关或部门,他大声疾呼:“组织起一千个、两千个团体吧……能成立多少文学小组和团体就成立多少吧。”[①]布哈林所强调的“党对文化的一般领导”,这里的“领导”,不是依靠意识形态本身的强大力量实现的领导,而是主要依靠掌握国家政权的力量进而实现对文化工作的政治领导。布哈林强调:“如果要求按照文化原则,决不按政治原则去对待文化工作者,那就使我们偏离了我们很好地阐述过的立场。”这里的“一般”,“正如我们所理解的那样,生活本身告诉我们,具体领导就是原则。我们从来不会承认,让事情毫无监督地进行”,强调党对文化的领导是原则上的领导、方向上的领导,不是具体的领导,反对对文化领域进行横加干涉,但不放弃对文化工作的监督。布哈林同时指出,坚持党的领导还要考虑这一领导的界线问题,就是要注意区别哪些是政治原则问题,哪些是思想认识问题,哪些是文化发展问题。之所以要强调党的领导界线问题,布哈林指出:原因在于,一是年轻的布尔什维克党包括干部和一般党员的文化水平还比较落后,在文化领域还有一系列东西不懂,而且要想学会这些东西不可能一蹴而就,将是一个长期的过程;二是文化发展有其客观的规律和特点,我们必须

① 布哈林:《布哈林文选(上册)》,东方出版社,1988,第347页。

给予充分的尊重,不可能用党的文件决议对其做出这样或那样的规定,不能通过政府法令进行行政干预,更不能在文化领域开展阶级斗争。

2. 开展最广泛的“文化竞赛”

布哈林指出,要在文化领域开展最广泛的竞赛,即允许不同作家之间、不同文化团体之间、不同文化作品之间、不同文化风格和形式之间开展竞争,鼓励成立不同类型的文化团体。在布哈林看来,如果按照“岗位派”的主张,现阶段就对文化实行垄断,不仅不会促进无产阶级文化的发展,反而会窒息无产阶级文化。开展文化竞赛,使不同的文化及其形式风格在没有行政干预的情况下充分竞争,这是促进无产阶级文化发展成熟、形成无产阶级的精品文化的现实途径。布哈林强调,开展“文化竞赛”,不意味着否定阶级斗争,也不意味着否定无产阶级的知识分子争论和批评的权利,恰恰相反,文化竞赛本身就是一种特殊形式的阶级斗争。无产阶级作家和知识分子在这场没有硝烟的斗争中,其主要任务就是提高文化创造的能力和水平,除了撰写政治纲领和意识形态提纲以外,还要能为广大人民群众提供丰富多样的文化产品,不断地满足人民群众对精神文化的需求;在布哈林看来,要创作优秀的无产阶级文化作品同各种非无产阶级文化展开充分的竞争,通过充分讨论、切磋互鉴提高自己并且战胜对手,最终“依靠自己的力量在文学和文化领域中争得社会领导的历史性权利”。[①]

---

① 布哈林:《布哈林文选(上册)》,东方出版社,1988,第346页。

5.2.2 葛兰西由“运动战”转向“阵地战”策略

葛兰西在深入考察西方社会为何没有产生俄国式革命之后，发现在西方国家有一个强大的堡垒——市民社会。这就像战场上的战壕一样，外围工事被清除掉，里面还有最为坚固的堡垒抵御一切侵袭。在这样的社会里如何取得无产阶级革命的胜利，这是一个不可回避的难题。葛兰西入狱前关于革命道路选择已经进行了反复思考和长期探索。被捕入狱后，尽管条件极端恶劣，但葛兰西最终并没有放弃对于这一问题的思考，提出了阵地战的策略并进行了系统的阐发。

1. 由“运动战”向“阵地战”转变

阵地战原本是一个军事术语，它表示依托阵地的地形和工事进行防御或对据守阵地之敌实施进攻的作战形式。葛兰西在论证其文化领导权的斗争策略时借用了阵地战这个军事术语。在1848年之前的欧洲流行着“不断革命”的政治理念，主要是受到法国大革命的影响。葛兰西认为，之所以能存在“不断革命”这种政治概念，主要是当时社会存在这样的条件，“从许多方面来看社会仍处于动荡状态：农村更为落后；几个甚至一个城市（法国巴黎就是如此）完全垄断政治或国家权力；国家机构正在起步，市民社会在国家活动中具有较大的自主权；军事力量和国家武装力量的特殊关系；国家经济在世界市场的经济关系中拥有较大的自主权，等等”[①]。这是“不断革命”论在欧洲流行的特殊社会历史背景。

但在1870年之后，随着资本主义工业的快速发展，资本主义体系日益成熟，欧洲殖民主义扩张，革命条件发生了改变。国家内部体系变得越来越复杂和庞大，现代民主机构也逐步建立并得到完善，不断革命已经不可能实现。“政治艺术与军事艺术发生了同样的变革：运动战更多地被阵地战所取代，可以说一个国家在和平时期对战争的技术准备越细致入微，在战争中取胜的机会就越大。庞大的现代民主机构，无论是国家组织，还是复杂的市民社会组织对于政治艺术而言恰如阵地战前线的‘堑壕’和坚固堡垒：它们只是部分上相当于从前构成战争‘总体’的运动因素。”[②]

葛兰西将俄国和西方世界进行了对比，指出：“在俄国，国家就是一切，市民社会处于原始状态，尚未开化；在西方，国家和市民社会关系得当，国家一旦动摇，稳定的市民社会结构立即就会显露。”[③]这表明，俄国的社会状态适合运动战，十月革命便是典型案例。在西方资本主义发展由自由资本主义向垄断资本主义过渡之后，斗争的形式日益由运动战转向阵地战。葛兰西正是观察到整个社会发生的变化，才提出了阵地战的理论来应对指导社会条件已经发生改变的欧洲革命实践。不过葛兰西认为在落后国家和殖民地国家则还存在运动战的可能，因为那些在西方社会已经过时的社会形式，在落后国家和殖民地国家依然充满活力，也就是说落后国家和殖民地国家还存在无产阶级通过暴力革命取得胜利的可能性。

① 葛兰西：《狱中札记》，曹雷雨、姜丽、张跣译，河南大学出版社，2016，第198页。
② 葛兰西：《狱中札记》，曹雷雨、姜丽、张跣译，河南大学出版社，2016，第198页。
③ 葛兰西：《狱中札记》，曹雷雨、姜丽、张跣译，河南大学出版社，2016，第193页。

2. 阵地战的斗争方式

葛兰西指出，西方社会要采取阵地战的策略，“由知识分子通过教育、引导、说服等方式，渐进地‘散漫地’‘毛细管式地’进行长期渗透，依靠被统治阶级的同意和服从”①，一个一个夺取诸如民间组织、政党、工会、学校、教会、新闻机构以及公民团体等阵地，各个击破，最终夺取文化领导权。虽然上述这些阵地在国家政治中不是决定性的，“却足以使国家无法充分调动起全部领导权手段，只有到那时运动战才能奏效”②。通过阵地战把最强的堡垒——市民社会破坏掉之后，运动战就可以开展了，也就是说，可以顺其自然地发动俄国式革命。但是如果在这个过程中，阵地战没有取得成功，那么无产阶级就可能会陷入危险之中，因为资产阶级文化领域是绝对不会轻易就这么被攻占的，资产阶级掌握着国家的意识形态阵地和各种工具，将采取一切手段来阻止统一的无产阶级的革命意识的形成和对它的进攻。

在葛兰西看来，无产阶级革命的斗争方式有很多，除阵地战外，还有运动战、地下战，并且这三种斗争形式在某种条件下可以互相转化。葛兰西举了印度反对英国的政治斗争的例子，他说：“甘地领导的消极抵抗属于阵地战，到一定的时机又转化为运动战，然后又转化为地下战。联合抵制是阵地战，罢工是运动战，秘密筹备武器和作战部队是地下战。”③政治领域的斗争是非常复杂的，它不像一场军事战争可能很快就结束，政治斗争在军事行动结

① 李瑶：《列宁与葛兰西意识形态“领导权”思想比较研究》，《世纪桥》2010 年第 1 期。

② 葛兰西：《葛兰西文选》，李鹏程编，人民出版社，2008，第 181 页。

③ 葛兰西：《狱中札记》，曹雷雨、姜丽、张跣译，河南大学出版社，2016，第 185 页。

束之后仍然继续进行。革命斗争在社会各个层面展开,社会各个层面都是阵地,这时革命是一场综合战争,阵地战、运动战和地下战有可能交替使用。

具体而言,阵地战的斗争方式包括突击队战术和包围战战术。在政治斗争中,双方都组织了有效的阵地,面对统治阶级强大的阵地,如何撕开对方的阵地?这时可以采取突击队战术。在每一个战斗领域都可以组织一个现代的突击队,它是阵地战中的特种部队,"在政治斗争的情况下则必须加上宝贵而必不可少的突击战术"①。它们需要冲上前线去和统治阶级进行战斗,但是必须要经过周密的部署。还是以英国和印度为例,"如果英国认为印度正在预谋大规模的反叛运动,企图通过整体压制消除英国当前的战略优势,也就是强迫他们把自己的力量分散到已经同时扩大的战场上,那么他们就可以挑拨印度的战斗力量过早出动,把他们识别出来,使整个运动陷入群龙无首的境地"②。也就是说印度如果要实行突击队战术是不能被英国发现的,如果过早地暴露战略目的,会被敌对力量各个击破,陷入失败的境地。也就是说在面对政党、工会、学校、教会、新闻机构等这些统治阶级阵地时,无产阶级要做好充分的准备和周密的部署,要充分利用资产阶级处于弱势和困境的情况进行斗争,如在发生资本主义经济危机时,资产阶级会毫无准备,快速实行突击队战术,击破敌人的防御,占领对方的意识形态阵地。

但是如果上述突击队战术失败,即"危机使袭击力量无力在时间和空间上闪电般组织起来;更不消说赋予他们应有的斗志。同

① 葛兰西:《狱中札记》,曹雷雨、姜丽、张跣译,河南大学出版社,2016,第188页。

② 葛兰西:《狱中札记》,曹雷雨、姜丽、张跣译,河南大学出版社,2016,第185－186页。

样,防御者的士气不会涣散,他们也不会放弃阵地,在废墟中也不例外,他们也不会丧失对自身的战斗力和未来的信心。"[①],也就是说资产阶级绝不会轻易被击败,那么无产阶级将会由进攻转为防御态势,突击队战术将转为包围战战术,它是阵地战的另一种表现形式。一旦无产阶级没有赢得政党、工会、学校、教会、新闻机构等意识形态领域的阵地,无产阶级阵地和资产阶级阵地就进入了包围与反包围之中。"包围战兵力集中,举步维艰,因此要付出极大的耐心和聪明才智。在政治上,包围战是互相展开的,虽然各自也布置种种表象,而统治者也集合种种力量,显示自己对敌手的重视。"[②]这种情况对双方都是严酷的考验,尤其是对于无产阶级而言,将会产生痛苦、疲倦、疾病,严重的士气低落,在这种时候坚持到最后就是胜利。

3. 实施阵地战的支持系统

在葛兰西看来,"阵地战不仅仅由壕沟组成,还包括部队阵地后方全部领土上的组织体系和工业体系。可见,阵地战除了大炮,机关枪和来复枪的急遽火力;除了可以囤积一地的武装力量,在敌人突袭或撤退引起物资匮乏时,还要保障迅速供给"[③]。也就是说阵地战已经不单纯是一场简单的战役,是将组织体系和工业体系纳入整个战争中来,将政治、经济、军事一体化,将战役转变成战略。

葛兰西将阵地战的概念从军事斗争的层面上转变到政治斗争

---

① 葛兰西:《狱中札记》,曹雷雨、姜丽、张跣译,河南大学出版社,2016,第 190 页。
② 葛兰西:《狱中札记》,曹雷雨、姜丽、张跣译,河南大学出版社,2016,第 194 页。
③ 葛兰西:《狱中札记》,曹雷雨、姜丽、张跣译,河南大学出版社,2016,第 189 页。

的层面上，表明阵地战是无产阶级在一个多元化的市民社会中进行意识形态渗透工作，统筹社会上一切力量联合各阶层来维持巩固斗争阵地，积极争取全社会认同的一种文化战略。

实施阵地战的工业体系，是葛兰西对政治学意义上的阵地战进行了与军事学分析相类似的揭示。实施“阵地战”能否取得胜利需要综合考虑多方面因素，除了火炮的威力、机枪步枪的射速等武器装配和在一定地区所能集结的兵力以外，还应该包括充足的“军需供应”，以便在遭到敌人攻击突破或实行撤退时使我们所遭受的物质损失能够得到迅速的补充。葛兰西借用了军事战争中后方工业系统这个概念，来阐述在针对资产阶级市民社会实行阵地战时无产阶级的后方支援系统。准确地说，就是在工业和社会高度进化的国家进行战争，需要“广大的武装群众；他们的战斗力各个有别，因此只能作为整体出动”[①]。这些武装群众在后方进行工业生产，生产前线需要的一切物资，包括精神领域和物质领域。从精神领域来看，后方工业系统给无产阶级知识分子在阵地战中提供智力支持、精神食粮和各种创作灵感，以便和资产阶级文化进行对抗。从物质领域看，无产阶级在工业生产中掌握了先进的生产技术，可以随时生产阵地战所需要的各种物资，以便在阵地战转为运动战之后和资产阶级进行决战。但是葛兰西的问题在于他并没有具体的革命实践，即没有在西欧组织开展过俄国式革命，也并不清楚革命根据地对无产阶级革命的重要性，以至于他对工业体系没有一个清晰的论述，因此这种设想难免会陷入空想的尴尬境地。

所谓的实施阵地战的组织体系，在葛兰西看来，拿武器的人即

① 葛兰西：《狱中札记》，曹雷雨、姜丽、张跣译，河南大学出版社，2016，第189－190页。

广大的士兵，他们本人的能力虽各有不同，但作战时只能作为一支集体力量来行动。他举例指出：在东线虽然突破了奥军阵地，但是当德军精锐部队及时增援并将战场归德国人统一指挥后，盟军的进攻战术最终还是遭到了惨败。1920 年的波兰战役也发生过这种情况，当时看上去锐不可当的攻势却被魏冈将军阻遏在华沙城下，苏联红军的攻势在法国军官所指挥的战线上被击退了。这表明，政治学意义的阵地战策略的效果如何，关键要看实施策略的主力的情况如何。因此，葛兰西认为保证“阵地战”策略实施成功，必须要有一个强有力的组织体系。在葛兰西看来，这样的组织体系包括以下六个方面的层次和内容。一是建立强大的无产阶级政党。“政党是完整的、全面的知识分子的新的培育人，可以被理解为现实的历史过程的理论和实践的统一在其中得以发生的坩埚。”①二是要有一个集中统一的领导集团。“领导权的前所未有的高度集中是十分必要的，从而需要一个更为‘干预主义的’政府来更加公开地反对机会主义者，采取政治的行政等一切控制手段，巩固统治集团的领导权‘阵地’等，不断地进行组织工作，使内部瓦解成为‘不可能’。”②从无产阶级革命角度看，只有这样才能防止统治集团内部瓦解，使整个集团保持一致，如果没有一个集中统一的领导集团，很难组织起有效力量去开展阵地战，革命不可能取得成功。三是形成无产阶级的有机知识分子队伍。要发挥政党“在领导和组织方面的职能，即教育和智识的作用”③“激励建设同质和团结的社会集团，这样才能产生自己的知识分子、自己的突击队和先

① 葛兰西：《狱中札记》，曹雷雨、姜丽、张跣译，河南大学出版社，2016，第 245 页。
② 葛兰西：《葛兰西文选》，中央编译局国际共运史研究所编，人民出版社，1992，第 421 页。
③ 葛兰西：《狱中札记》，曹雷雨、姜丽、张跣译，河南大学出版社，2016，第 11 页。

锋——它们反过来又会作用于这些社会集团,从而使之得到发展"①。四是将传统的知识分子转化为有机知识分子。无产阶级政党要通过宣传教育的手段将传统的知识分子转化为有机知识分子从而扩大自己的同盟军,这样实施阵地战的力量将进一步壮大。五是建立巩固强大的后方支援系统,如领导和加强工会组织建设,组建"工厂委员会",集中工人力量开展各种形式斗争。六是将无序的群众组织起来,群众整体的智识水平比较低下,应当深入到群众中去传播新的知识和新的理念,让群众认同无产阶级的领导地位。

5.2.3　布哈林与葛兰西对夺取文化领导权策略的认识异同

布哈林和葛兰西就夺取文化领导权论述了各自的斗争策略,布哈林提出了党的一般领导下的"文化竞赛"策略,葛兰西则提出了由"运动战"转向"阵地战"策略,两种斗争策略具有共同点,包括:一是都强调尊重文化发展的自身规律。布哈林和葛兰西都认为意识形态的形成和发展有着自身的客观规律,只有遵循文化发展的规律,才能促进无产阶级文化发展成熟,否则将窒息无产阶级文化。二是都反对行政力量对文化领域的直接干预。布哈林和葛兰西都强调尊重文化发展的一般规律,重点是防止外部行政力量对文化领域的直接干预。布哈林指出,反对通过强迫命令的方式或阶级斗争的方式处理文化领域的一般问题,认为这将会葬送无产阶级文化。葛兰西也指出,如果不通过无产阶级自身的文化力

① 葛兰西:《狱中札记》,曹雷雨、姜丽、张跣译,河南大学出版社,2016,第166页。

量夺取历史性意义的文化领导权，而是通过无产阶级的暴力革命直接夺取政权，就算侥幸夺取了政权，也将由于缺乏意识形态的强大力量凝聚起广泛的民意而最终丢掉国家政权。三是都认为无产阶级文化的发展壮大需要同各种思想文化进行充分的竞争。布哈林指出，鼓励不同文化之间、不同文化风格之间、不同文化团体之间进行广泛的文化竞赛，无产阶级文化要通过充分竞赛来实现发展壮大自己的目的，不断地创造具有强大凝聚力和影响力的无产阶级意识形态，进而依靠自己的力量取得无产阶级文化领导权。葛兰西更是提出了“阵地战”的斗争策略，从某种意义上讲，“阵地战”也是一个文化竞赛，强调只有通过无产阶级文化同资产阶级文化在一个阵地一个阵地的反复较量，在充分竞争中彰显无产阶级文化的先进性，并战胜资产阶级文化占领市民社会或文化机器，最终夺取文化领导权。

布哈林和葛兰西关于夺取文化领导权的斗争策略，其区别在于对实施斗争策略的支持系统的认识差异。葛兰西用一个军事术语“阵地战”来概括和描述夺取文化领导权的斗争策略，认为实施“阵地战”离不开“军需供应”，换句话说就是实施阵地战所必需的支持系统，这包括工业体系和组织体系两大部分。所谓工业体系，就是开展阵地战所需要的一切“武器装备”，即施加文化影响的各种手段、载体和机构。所谓组织体系，就是培育和形成实施“阵地战”主体的各级组织体系，在这里，主要是依靠无产阶级政党培育自己的有机知识分子，再依靠有机知识分子同质化其他阶级知识分子和一般的革命群众，形成无产阶级有机知识分子的补充阶层。布哈林认为，无产阶级要想夺取文化领导权，必需首先夺取国家政权。他分析指出，无产阶级在资本主义社会，深受经济上的剥削、政治上的压迫和文化上压制，不仅物质生活贫困，而且文化水平十分落后，不仅无产阶级政党的领袖在相当程度上由来自其他阶级的人员构成，就是整个无产阶级都处于文化落后的状态，无产阶级在资本主义社会不可能成长为一个在文化上成熟的阶级，因此，无产阶级在资本主义社会不可能取得文化的领导权，只能通过无产阶级暴力革命夺取国家政权，掌握施加文化影响的国家机器，才能为夺取文化领导权奠定重要的基础。正如葛兰西自己所言，西方国家市民社会比较发达，无产阶级通过阵地战夺取文化领导权将是十分艰辛和漫长的过程，特别是葛兰西所论述的实施阵地战的支持系统，包括工业体系和组织体系，都很难同资产阶级相抗衡，因此这种策略构想难免会陷入空想的尴尬境地。

5.3　夺取文化领导权的主力比较

在明确文化领导权争夺的场域和夺取文化领导权场域的策略之后，谁来实施策略和占领意识形态宣传阵地，就成为文化领导权理论的核心问题。布哈林认为，夺取文化领导权的主力是无产阶级的文化干部和知识分子，葛兰西则认为是无产阶级政党及有机知识分子。这表明：布哈林和葛兰西关于夺取文化领导权的主力的认识基本一致，但是，两者的区别在于如何培养和形成无产阶级的文化力量。

5.3.1 布哈林的文化干部和知识分子政策

在布哈林看来,夺取文化领导权的根本任务是创造具有强大凝聚力和影响力的无产阶级文化,而创造无产阶级文化的关键是建立一支宏大的高素质的文化干部和知识分子队伍。布哈林就培养无产阶级的文化干部队伍、制定正确的知识分子方针、提高广大人民群众的文化素养和文化干部和知识分子的培养途径进行了重要论述。

1. 培养无产阶级的文化干部队伍

布哈林指出:"如果工人阶级掌握了政权,如果它必须管理社会,那么它一定会从自己内部为管理和行政等培养出一大批应有尽有的力量。"[①]因此,他提出必须大力培养无产阶级自己的文化干部队伍,并对培养什么样的文化干部进行了重要论述。布哈林认为,我们要培养的文化干部是"出身于劳动人民本身的有高度技能的干部,或者更确切些说,首先造就出身于工人阶级的干部"[②]。这表明文化干部的培养标准主要是两条:第一条是出身无产阶级,实质上强调文化干部的阶级性,保证培养的文化干部在政治上是可靠的;第二条是高度技能,强调的文化干部的本领能力,保证培养的文化干部能够胜任文化战线的工作。布哈林将文化干部又分为两类,一类是高级文化干部,另一类是一般文化干部,并对不同干部分别提出了具体要求。对于高级文化干部,布哈林提出了革命

① 布哈林:《无产阶级革命和文化》,载《社会主义及其文化》,重庆出版社,2015,第 193 页。

② 布哈林:《布哈林文选(上册)》,东方出版社,1988,第 93 页。

性和求实精神的要求，他说，革命性就是“基本的革命思想……的每一个步骤同社会主义建设这两者同时并列，互相依属”，“要求有明确的情绪，革命的激情，革命的乐观主义。……要求否定抱怨诉苦、悲观主义、灰心丧气和任何腐朽情绪”，“要求对自己的事业充满信心，才能完成面临的任务，创造自己的伟大事业”。求实精神就是“更多地熟悉西方和美国的经验，更多地考虑我们的巨大的经济的以及各种其他的计划和策略：深入研究专门领域的一系列科学问题”①。对于一般文化干部，布哈林提出：首先要具备必要的品质，比如工作要认真求实、一丝不苟，培养对群众的感情，经常的联系群众、深入群众、关怀群众，培养对无产阶级、对国家、对自己的责任感，不能安于现状和有自满情绪；其次要提高专业素质和技能，不做“万事通”；最后，要注意工作细节，防止演变成官僚主义。

2. 制定正确的知识分子方针

布哈林对知识分子的阶级属性经历了一个曲折认识的过程。起初，布哈林根据收入的多少来划分阶级，忽视了他们同生产资料的关系以及在生产过程中的地位和作用，把知识分子同资产阶级联系起来，大知识分子同大资产阶级相对应，小知识分子同小资产阶级相对应。在无产阶级专政建立之初，布哈林坚持认为，技术知识分子、一般知识分子、城市中产阶级和小资产阶级，“所有这些阶层、阶级和集团，都必然在金融资本的代表人物的政治领导和将军们的军事领导下，积极进行反对无产阶级的斗争”②。1921 年，布哈林在《历史唯物主义理论》一书中，提出一个社会的阶级划分问

① 布哈林：《布哈林文选（中册）》，东方出版社，1988，第 262－263 页。

② 布哈林：《过渡时期经济学》，三联书店，1981，第 122 页。

题，不再将知识分子列入剥削阶级，认为其是处于剥削阶级和被剥削阶级之间的中间阶级。1925 年，布哈林又将知识分子称为“第三阶层”。这表明布哈林对知识分子的阶级属性的认识发生了有意义的根本变化。

在此基础上，布哈林指出：“资产阶级是统治阶级，它使工人阶级在经济上、政治上并从而在文化上都处于奴隶依附地位。断定工人阶级在资本主义社会范围内能提高到某一个比资产阶级文化水平更高的阶段，那是十分可笑和荒谬的。”当无产阶级掌握国家政权，“它必须利用不属于本阶级的力量，程度和数目比资产阶级利用来自封建社会的人要大得多”[①]。因此，布哈林根据缓和阶级斗争的总路线以及工作重心转移到和平组织文化工作的任务，全面制定了正确的知识分子方针。

一方面，对待非无产阶级知识分子的方针。布哈林指出，我们对待各阶级的一般政策也适用于我们的文化领域，总的就是采取改造和利用的方针，反对暴力行动，同非无产阶级知识分子在文化上进行联合。具体来说，对待农民出身的知识分子，“我们必须改造他们，对待明显的黑帮分子，则应彻底消灭之”[②]。对待“同路人应该这样——对他们中的一部分人应该改造，而对另一部分人则应予‘驱逐’”[③]。对待资产阶级知识分子，分为技术知识分子和一般知识分子，技术知识分子由于受到资产阶级的意识形态影响较小，“苏维埃政权愈是巩固，一些技术知识分子便会愈快脱离资产阶级而转到无产阶级方面来”，“把他们推开是没有道理的”[④]，可

① 布哈林：《无产阶级革命和文化》，载《社会主义及其文化》，重庆出版社，2015，第 193 页。

② 布哈林：《布哈林文选（上册）》，东方出版社，1988，第 345 – 347 页。

③ 布哈林：《布哈林文选（上册）》，东方出版社，1988，第 347 页。

④ 布哈林、普列奥布拉任斯基：《共产主义 ABC》，三联书店，1982，第 300 – 301 页。

以将技术知识分子安排到新的岗位上去。对待一般知识分子应当“通过思想工作或者支付他们高额薪金”的办法吸收他们,“采取利用,加上从一定时期起和平排挤的方针。当然,我们不号召采取暴力行动”①。

另一方面,对待无产阶级知识分子的方针。要加强无产阶级知识分子的自我教育,克服他们在文化方面存在的“共产党人自大狂”和丧失立场的缺点。布哈林认为,当前很大的一个倾向是“共产党人自大狂”。以“岗位派”为代表的一批无产阶级作家,盲目估计无产阶级在文化上的成就,甚至粗暴地对待非无产阶级作家,觊觎整个文化界的领导权。对此,布哈林批评道:“这共产党人自大狂现在对文学界比对任何其他部门更危险。为什么比其他部门要更危险呢?原因很简单。我们在这一领域中尚无自立能力。”②“而在这个我们还没有什么成就,尚无自立能力的部门中,却出现了共产党人自大狂——这意味着,我们从开步走的时候起便可能把事业毁掉。”不要骄傲自大,“假如我们俄国工人阶级没有意识到,它同资产阶级相比是不学无术的,它就会把自己的事业彻底输光”③。他指出,无产阶级的知识分子要把主要精力放在脚踏实地进行文化创作和发展无产阶级文化上,而不是空喊口号、制定什么文件纲领和在文化领域进行阶级斗争。

3. 提高广大人民群众的文化素养

布哈林指出,缩小无产阶级的领导阶层与普通阶级成员之间

---

① 布哈林:《布哈林文选(上册)》,东方出版社,1988,第345页。

② 布哈林:《无产阶级和文艺政策问题》,载《社会主义及其文化》,重庆出版社,2015,第223页。

③ 布哈林:《无产阶级革命和文化》,载《社会主义及其文化》,重庆出版社,2015年,第173页。

的文化差别、打破新的教育垄断和形成无产阶级文化干部及知识分子的补充阶层,要求提高广大人民群众的文化素养。

第一,缩小无产阶级的领导阶层与普通阶级成员之间的文化差别,要求提高广大人民群众的文化素养。布哈林指出,“资产阶级领袖和资本主义的普通资产者之间在文化上的差别比较起来并不特别大,可是,无产阶级政党的领袖和普通工人之间的这种差别却要大得多”。原因在于,“资本主义的资产者在他们的社会生产制度下(如果可以这样说的话)受到高等教育,至少是中等教育的训练。他们的收入保证他们有享受‘文化生活’的基础。他们在生产、流通和意识形态的劳动部门所担任的角色,使他们获得应有的训练、素养、知识和经验等,提高了他们的熟练程度。他们的生活水平、生活方式、‘精神气质’、职务的类型都同执行领袖职能的人相似,并且相当接近”。无产阶级的情况却不相同,“无产阶级的领袖,特别是知识分子出身的人(‘院士’),往往受过很多的智力训练、具有高度的文化水平,然而,阶级的普通成员却和这个水平有着极大的距离。另一方面,知识分子出身的人,甚至‘工人官僚’,往往都没有无产阶级因守在‘机床旁边’而特有的那种本能的和自发的集体主义情绪。所以,在这里心理上的差别就比在资产阶级那里的相应情况下所具有的差别大”①。

第二,打破新的教育垄断,要求提高广大人民群众的文化素养。无产阶级及其政党掌握了国家政权后,打破了资产阶级的教育垄断,但是要防止新的教育垄断的出现。布哈林指出:“工人阶级送进高等学校的第一批队伍形成了小圈子。后来受高等教育

① 布哈林:《资产阶级革命和无产阶级革命》,载《社会主义及其文化》,重庆出版社,2015,第175页。

的，也只有他们的儿子、孙子、重孙、玄孙，那时将形成一个排他的集团。尽管出身于工人阶级内部，却又作为教育的垄断者进行统治。那时就将出现一个巨大的危险，他们在这里就会变成一个蜕化了的新阶级。”为此，布哈林提出要掌握教育领导权，推行群众性文化普及，大力提高人民群众的文化水平，“一批又一批规模愈来愈大的新的工人阶级分子经过这种巨大的学校实验室的改造，得到越来越多的技术训练，那时，我们就能消灭这种危险，就能预防它”①。

第三，形成无产阶级文化干部及知识分子的补充阶层，要求提高广大人民群众的文化素养。从理论上讲，无产阶级文化在原则上是最为民主的文化，相较于资产阶级文化、地主阶级文化更加鼓励和支持无产阶级和广大的人民群众掌握科学知识和提高文化水平。但现实情况却是无产阶级普遍缺乏文化的教育和训练。其实，造成这种局面的重要原因之一就是无产阶级在资本主义社会不掌握文化传播的工具和方式。十月革命胜利以后，无产阶级及其政党掌握了国家政权，同时掌握了国家思想文化的机器，打破了资产阶级教育垄断，面向无产阶级和广大群众的著作书籍大量出版；各种俱乐部、文艺小组等群众性组织大量出现；军队向几十万、几百万的无产阶级和群众敞开大门；高等学校的学生不再是从几万“上等人”中，而是从几百万“下等人”中进行挑选；文化传播采取群众性宣传和鼓动的方式等，使教育文化等机器“破天荒第一次吸收广大的无产阶级群众和农民群众参加文化活动”，“这是未来空前文化繁荣的基础”②。布哈林指出，要从读书、看报、饭前洗手

① 布哈林：《无产阶级革命和文化》，载《社会主义及其文化》，重庆出版社，2015，第173页。

② 布哈林：《布哈林文选（上册）》，东方出版社，1988，第159页。

等基本的文化知识学起，推进群众性文化普及工作的同时，努力做文化提高的工作，使广大人民群众的文化水平迅速提高，努力成为无产阶级文化干部和知识分子的重要补充来源。

4. 文化干部和知识分子的培养途径

针对无产阶级文化落后这个事实，布哈林围绕“无产阶级用怎样的方式创造出比资产阶级进步的文化基础”“无产阶级又用怎样的方式终于产生出自己的政治思想家干部和领导者干部”这一问题进行了重要论述。

第一，无产阶级政党的教育和培养。布哈林指出：“任何一个阶级的组织都是出于加强该阶级势力的需要而产生的；一切组织的实质都在于，从组织这里得到的力量就其大小来说要比单纯用算术把各个组织部分的力量加在一起的总和大。同时，阶级的组织并不包括阶级的一切成员在内，组织和阶级并不是完全相等的。”“一个阶级的政党或者政党的变形（例如，雅各宾俱乐部），是最成熟的阶级分子的联合，阶级可以通过这些分子最正确地表达自己的利益。”他进一步指出：“各个组织一方面给阶级增加补充的力量，一方面为阶级发展自己的文化和选出自己的领导者创造补充的条件，这是十分清楚的。”对于无产阶级政党来说，无产阶级在数量上的不断增长和它的群众性，以及无产阶级劳动的集体性，是使无产阶级政党“成为可能的两个基本因素，这使得受压迫受摧残的情况能局部地得到补偿”[①]。也就是说，无产阶级人数众多和相对集中，使得无产阶级政党能够更好地承担提高无产阶级文化水

① 布哈林：《资产阶级革命和无产阶级革命》，载《社会主义及其文化》，重庆出版社，2015，第173页。

平、教育和培养无产阶级文化干部和知识分子的重要职能。

第二,开展大规模的文化教育。布哈林指出:“如果工人阶级不打破教育垄断,那么,它成熟为用自己的力量统治全国的阶级的可能性就被堵塞了。由此可见,根本不能设想,也不能幻想,无须破坏和击溃资产阶级对高等学校的垄断,就能生产工人阶级出身的、以工人阶级为基础的这样高水平的文化干部。”无产阶级必须通过革命夺取国家政权,进而打破资产阶级对教育的垄断,掌握国家的文化教育机器,使高等学校破天荒地第一次面向广大的无产阶级和劳动群众,这为布尔什维克党培养文化干部奠定了重要的前提条件。布哈林指出:“首先用这种方式改造,即从自己的总的人力准备中分出若干受过一定文化、思想、技术和其他训练的人们的队伍,并且——这在一定的发展阶段是个极其重要的因素——从高等学校培养出来,进入其他的生活领域。这样就可以帮助解决必然落到工人阶级肩上的伟大任务。”这明确表明:学校教育是培养无产阶级文化干部和知识分子的重要途径。布哈林进一步论述了关于无产阶级文化干部使用的问题,他说:“过渡时期的意义恰恰在于,为了使夺取了国家政权的、同时忍受着贫困的工人阶级,通过使自己的成员接受文化教育,训练出一批干部,从而使工人阶级可以用自己的强劲手腕管理整个国家,可以把自己信赖的人作为有高度技能的人派到各个岗位上。那些它在资本主义制度内部做不到的事,在过渡时期它都能做到。”①

第三,对旧干部旧知识分子进行改造与和平排挤。布哈林强调:“共产主义的、正确的路线是完全清楚的,技术组织的原则是完

① 布哈林:《无产阶级革命和文化》,载《社会主义及其文化》,重庆出版社,2015,第201页。

全清楚的,但是缺少能够贯彻这些原则的足够数量的人手。”[①]因此,一方面,我们要大力培养规模宏大的无产阶级的文化干部和知识分子队伍,另一方面,我们还不得不利用那些旧职员和旧干部,这里既包括“愿意与工人阶级政权合作”“接受工人阶级专政,自愿遵照作为领导的工人政党的吩咐和命令行事”的旧干部,也包括那些“诚心诚意地愿意利用现有的一切,而在灵魂深处却不相信新制度”的旧干部。当然,由于使用旧职员和旧干部,会给无产阶级政权带来蜕化变质的危险,“直接的危险是从异己的阶层那里来的危险”,因此,要求俄国的无产阶级及其政党培养足够数量的文化干部,“可以逐步地、在日益增长的程度上取代来自旧知识分子和旧职员的干部,那就消除了第一个危险”。

布哈林总结道,如果无产阶级及其政党能够培养出质优量多的无产阶级文化干部和知识分子队伍,“也就是说,正是在这个进行种种组织的、思想意识的、行政的等分子的斗争的战场上,我们将拥有同样多的或更多的文化机器。而且,如果他们在质量上不比旧的低,数量上又比旧的大,那么在这盘棋上我们就赢定了。这是我们应当解决的第一个最基本的任务”[②]。

5.3.2 葛兰西的“有机知识分子”理论

任何方案或策略的制定与实施,必须要有一个明确的实践主体来贯彻落实。在葛兰西看来,有机知识分子是实施“阵地战”策

① 布哈林:《无产阶级革命和文化》,载《社会主义及其文化》,重庆出版社,2015,第202－203页。

② 布哈林:《无产阶级革命和文化》,载《社会主义及其文化》,重庆出版社,2015,第205页。

略，与资产阶级争夺文化领导权的主体力量，同时，也是无产阶级文化领导权确立、巩固、建构的直接决定力量。葛兰西对知识分子的范畴与划分标准、基本类型、功能与作用及有机知识分子的培育等问题进行了深刻探讨，形成了葛兰西有机知识分子理论，从而完成了文化领导权理论中极为关键的一环。

1. 知识分子的范畴与划分标准

(1)知识分子的范畴

法国学者雷蒙·阿隆认为："知识分子一词似乎是在俄国最早使用，适值 19 世纪，那些已从大学毕业并接受了本质上源于西方的文化的人，组成了一个人数较少且独立于传统分类的团体。"[①]虽然这个小团体里的人有不同的来源，但是从理性出发、具有强烈的批判意识是这些人的共同兴趣，这构成了早期的知识分子群体。[②]葛兰西在探讨知识分子问题时提出一个疑问，即知识分子独立于社会集团，还是每个社会集团都有自己的知识分子范畴？他认为对这个问题不能简单看待。

一方面，"每个社会集团既然产生于经济社会原初的基本职能领域，它也同时有机地制造出一个或多个知识分子阶层，这样的阶层不仅在经济领域而且在社会与政治领域将同质性以及对自身功用的认识赋予该社会集团"[③]。以资本主义企业家为例，他们具有管理和技术能力，同时也是群众的组织者、业务的投资者和产品的雇主等，也就是说这样的社会集团具有组织整个社会的能力，他们

① 雷蒙·阿隆：《知识分子的鸦片》，吕一民、顾杭译，译林出版社，2016，第 197 页。
② 仰海峰：《实践哲学与霸权：当代语境中的葛兰西哲学》，北京大学出版社，2009，第 193 页。
③ 葛兰西：《狱中札记》，曹雷雨、姜丽、张跣译，河南大学出版社，2016，第 1 页。

有必要去创造最有利于扩大其所在阶级的条件，这样知识分子就被创造出来了。

另一方面，葛兰西认为形成知识分子范畴的社会集团也是有条件的，并不是所有的社会集团都创造出了自己的知识分子范畴，因此必须具体地研究其形成和发展所遵循的途径。例如，农民群众就没有创造出自己的知识分子范畴。“应该看到，农民群众虽然在生产界起着必不可少的作用，但并未创造出自己的‘有机的’知识界；他们也没有‘同化’任何‘传统’的知识分子阶层，尽管其他社会集团正是从农民中间吸收了许多自己的知识分子，而且传统知识分子中很大一部分都是农民出身。”[①]葛兰西在这里所表达的意思并不是否定农民群众能产生知识分子，而是想表达农民成为知识分子之后，他就不再隶属于农民阶级，也就是不属于这个社会集团了，从这里可以进一步引申出，无产阶级是能够在内部产生知识分子的，并且同时隶属于无产阶级。

葛兰西在认为知识分子从属于社会集团的同时，又认为知识分子是独立的，即不管社会集团如何变化，知识分子范畴早已存在，而且还具有一种历史连续性，这种连续性甚至未被最复杂和激烈的政治与社会变革所打断。[②] 可以这样理解，即自人类社会产生以来，产生了各种经济结构和与这些经济结构相适应的社会集团，在这其中，知识分子范畴是一直存在的，并且没有因为一些经济结构和社会集团的消亡而随之消亡。以教士阶层为例，教士阶层属于与封建土地的贵族有机结合在一起的知识分子范畴，教士阶层自产生以来，基本上都是在以自己的逻辑发展的，在资本主义兴起

---

① 葛兰西：《狱中札记》，曹雷雨、姜丽、张跣译，河南大学出版社，2016，第2页。

② 葛兰西：《狱中札记》，曹雷雨、姜丽、张跣译，河南大学出版社，2016，第2页。

封建贵族灭亡后，教士阶层并没有灭亡。而且他们在某些领域经过斗争获得了垄断权，不过同时他们也在不断被其他力量所限制。如君主中央集团的加强，限制了教士阶层的发展，在这个过程中，促进了非教士阶层力量的形成，如科学家、理论家、行政管理者、哲学家等，这样就扩大了知识分子的范畴，但是这并不妨碍知识分子对自我独立性的认同。

(2)知识分子的划分标准

那么该如何去划分知识分子呢？“我们能否找到一个统一的标准，用以平等地描述知识分子所有各不相同的活动，同时在本质上区别于其他社会集团的活动呢？”[①]葛兰西认为不应该从知识分子活动的本质中去寻找这种划分方法，而应该从社会关系的整体中去寻找。

例如，“工人或无产阶级的显著特征并不在于他们从事手工或使用工具的劳动，而在于他们于特定的条件下和特定的社会关系中从事这种劳动（暂不考虑纯粹的体力劳动并不存在的说法，甚至泰勒所谓的‘被驯化的猩猩’也只是用来表明某个方面之局限的隐喻：在任何体力劳动中，甚至在最为低级和机械的劳动中，也存在着最低限度的技术要求，即最低限度的创造性智力活动）”[②]。又如，资本主义企业家们具备一定的智识和技能，但是他们的社会角色并不是由这些能力决定的，而是取决于他们在企业内部地位的总体社会关系。[③] 进而，从个体来说，每个人都是知识分子，但是在社会中，并不是每个人都具有知识分子的职能，因为知识分子的划

① 葛兰西：《狱中札记》，曹雷雨、姜丽、张跣译，河南大学出版社，2016，第 3 页。
② 葛兰西：《狱中札记》，曹雷雨、姜丽、张跣译，河南大学出版社，2016，第 4 页。
③ 葛兰西：《狱中札记》，曹雷雨、姜丽、张跣译，河南大学出版社，2016，第 4 页。

分本质是社会关系，不是由个体的能力决定的。

但是，这个社会关系到底是什么？在葛兰西看来就是劳动。考虑知识分子的性质，“即考虑的是他们特定的职业活动是趋向于智力工作还是趋向于肌肉——神经的劳动”[①]。智力工作和体力工作本质上都是劳动，从这个角度来看，非知识分子是不存在的，因为任何人都要劳动。但是如果要实现知识分子的职能，那么这种劳动就要体现社会关系，是在社会集团中的劳动。例如，“在现代社会中，同工业劳动（甚至是最为原始和不合格的工业劳动）紧密相连的技术教育都必然构成新型知识分子的基础”[②]。要成为这种新型知识分子，就要实际地参与生活，做一个建设者、组织者，同时“我们的观念从作为工作的技术提高到作为科学的技术，又上升到人道主义的历史观，没有这种历史观，我们就只是停留在‘专家’的水平上，而不会成为‘领导者’（专家和政治家）”[③]。实际上葛兰西对这个问题的思考，直接导致他提出有机知识分子这个概念，即他想表达，知识分子要参与控制劳动过程，进而扩展到全社会的生产过程中去，这才是无产阶级的知识分子，也就是有机知识分子。

2. 知识分子的基本类型

葛兰西对于知识分子标准的重新设定，论证“人人都是知识分子”，极大地拉近了文化精英与社会大众的距离，这为寻找文化领导权的建构力量，论证夺取文化领导权的现实可能性提供了重要基础。为了进一步弄清楚由谁来执行夺取文化领导权任务这一问

① 葛兰西：《狱中札记》，曹雷雨、姜丽、张跣译，河南大学出版社，2016，第4页。
② 葛兰西：《狱中札记》，曹雷雨、姜丽、张跣译，河南大学出版社，2016，第5页。
③ 葛兰西：《狱中札记》，曹雷雨、姜丽、张跣译，河南大学出版社，2016，第5页。

题,葛兰西提出了知识分子的基本类型,将知识分子大致分为传统的知识分子与有机的知识分子。

在葛兰西看来,传统知识分子和有机知识分子的区分本质上是由生产方式决定的。传统知识分子是建立在旧的生产方式之上的,它建立的基础不是新兴工业资本主义生产方式,这种旧的封建式的生产方式正在灭亡或已经灭亡,但是传统的知识分子却传承了下来。传统知识分子"与农民社会大众以及城镇(尤其是小城镇)小资产阶级相关联,还没有受到资本主义制度的熏染和驱动"[①]。葛兰西认为传统知识分子由教士、律师、公证人、教师、医生等组成,"传统和庸俗化的知识分子类型是由文人、哲学家、艺术家赋予的。因此,自称是文人、哲学家和艺术家的新闻记者也把自己看作'真正的'知识分子"[②]。这些传统知识分子在激烈的社会变化中也不曾中断,并自认为独立于社会集团,因此传统知识分子对自身的这种认知导致他们和唯心主义联系在一起,因为他们没有从客观的物质世界去看待世界的变化发展,而是依据自身的历史经验去判断和认知世界。

而有机知识分子是随着工业的发展成长起来的,他们同工业命运息息相关,他们是现代生产方式的产物。葛兰西把工业劳动作为区分传统知识分子和新型知识分子最核心因素。"在现代社会中,同工业劳动(甚至是最为原始和不合格的工业劳动)紧密相连的技术教育都必然构成新型知识分子的基础。"[③]有机知识分子的工作是"联络企业家和工人之间的关系,同时控制工作的基层,

① 葛兰西:《狱中札记》,曹雷雨、姜丽、张跣译,河南大学出版社,2016,第 9 页。
② 葛兰西:《狱中札记》,曹雷雨、姜丽、张跣译,河南大学出版社,2016,第 5 页。
③ 葛兰西:《狱中札记》,曹雷雨、姜丽、张跣译,河南大学出版社,2016,第 5 页。

保证及时完成工业高级人员所制订的生产计划”[①]。他们主要包括工业技术人员、政治经济学家、新文化和新法律等的组织者。

在葛兰西看来,传统知识分子和有机知识分子并不是截然对立的,他们会随着历史和现实条件的变化而相互转化。知识分子的这种变化从根源来看是生产力的发展和社会形态的变迁,这是葛兰西划分传统知识分子与有机知识分子的基本依据。如果有机知识分子不能与先进的生产方式相结合,就会转化为传统知识分子,传统知识分子也存在被新兴的社会集团整合利用,同质化为有机知识分子的可能。由此可见,有机知识分子与传统知识分子都是运动的、变化的,而不是一成不变的。

3. 知识分子的功能与作用

葛兰西十分重视知识分子的功能与作用,他从历史和现实的角度对知识分子的功能与作用进行了分析,分别考察了意大利、法国、英国、美国和俄国等国家的知识分子的功能和作用。

就意大利而言,其知识分子具有一种国际性或世界性的职能,因为自罗马帝国衰亡到 1870 年,意大利一直处于分裂状态,历史上意大利的知识分子在客观上不可能为一个统一的意大利服务,因此意大利的这种特殊的知识分子很难去建构一个完整民族。这和法国是完全相反的。“1789 年,当一个新的社会集团出现在历史政治舞台上的时候,它早已具备了一切社会职能,并且能够为统治整个民族而奋斗。”[②]新型知识分子最初的基层组织是同最初的经济基层组织一起诞生的。法国的情况可以总结为新型工业经济

① 葛兰西:《狱中札记》,曹雷雨、姜丽、张跣译,河南大学出版社,2016,第 9 页。

② 葛兰西:《狱中札记》,曹雷雨、姜丽、张跣译,河南大学出版社,2016,第 12 页。

基础和有机知识分子的智识文化职能是同步产生并发展的,两者不可偏废。而英国则与之不同,虽然英国现代工业快速发展,与之相适应的有机知识分子也在不断发展,不断掌控了经济霸权,但是旧的地主阶级保持着实际的垄断地位。“该阶级丧失了它的经济霸权地位,但却长期保持着政治——智识上的优势,并且被当权的新集团作为‘传统知识分子’和领导集团而吸收。”①美国则又是另一种景象了,美国是移民组成的国家,缺乏传统知识阶层,这反而促成了美国知识分子内部的平衡,再结合现代工业文明,美国的上层建筑得到大规模发展。美国的知识分子的一个最大的特点是“不是把有机知识分子和传统知识分子相融合的需要,而是把不同民族出身的移民所带来的不同形式的文化熔于一口具有统一文化的民族熔炉之中的需要”②。在沙皇俄国,由于缺少知识分子群体,国家与被统治阶级之间缺乏一种缓冲地带或力量,底层反抗与暴力镇压是国家统治的主要形式。

综上所述,葛兰西认为知识分子是统治集团的代理人,所行使的是政治统治的文化职能,知识分子在国家与底层民众之间扮演一种媒介的角色,发挥传递统治阶级意识形态的媒介作用,教化被统治阶级使之“自愿”地接受统治,从而大大降低被统治阶级与国家的冲突和摩擦。具体来说,知识分子的媒介职能主要包括:“①对于主要统治集团强加于社会生活的总方向,人民大众所给予的‘自发的’首肯;这种首肯是由统治阶级因其在生产界的地位和职能而享有的威望(以及由此带来的信任)‘历史地’所引发的。②‘合法地’对那些既不积极也不消极‘首肯’的集团加以强制的国

① 葛兰西:《狱中札记》,曹雷雨、姜丽、张跣译,河南大学出版社,2016,第13页。
② 葛兰西:《狱中札记》,曹雷雨、姜丽、张跣译,河南大学出版社,2016,第15页。

家强权机构。该机构是为自发的首肯不复存在、整个社会陷入管辖和统治危机的关头所建立的。”①

知识分子同时还肩负着指导、组织、教育群众的功能。群众是无序的,它需要知识分子通过自身的理论与实践去组织群众,因而知识分子成为人民群众的组织者和领导者。群众的教育水平也比较低下,知识分子还需要深入到群众中去传播知识和新的理念。对于无产阶级知识分子而言,他们要努力宣传无产阶级世界观,使其成为一种整个社会的常识,让群众认同无产阶级的领导地位。葛兰西认为在共产主义革命阶段,知识分子要对抗的是资产阶级,在革命胜利之后,知识分子还要继续发挥其职能,发展社会生产,创造新的文化,巩固社会主义文化。

4. 有机知识分子的培育

葛兰西认为,只有依靠无产阶级的有机知识分子,才能占领市民社会,也才能夺取资产阶级的文化领导权。因此,如何培育无产阶级的有机知识分子,以便执行阵地战策略,争夺文化领导权的问题,便成了葛兰西的“有机知识分子理论”中的最为关键的一环。

葛兰西认为培育知识分子的过程是艰难曲折的,充满矛盾,并且在这个过程中,群众的忠诚受到痛苦考验。“在这个过程中,也反复出现这样一些时刻:在群众和知识分子之间产生了裂隙,失去接触,从而产生理论是一个‘附加’、一种‘补充’和某种附属品的印象。在不仅区别了,而且分离了和割裂了理论和实践这两个要素之后,固执于理论—实践关系中的实践要素,就意味着人们正在

① 葛兰西:《狱中札记》,曹雷雨、姜丽、张跣译,河南大学出版社,2016,第7页。

经历一个相对原始的历史阶段，一个仍然是经济—团体的阶段。在这个阶段，一般的‘基础’框架正在发生着量的改变，而相应的质的上层建筑还正处于产生过程中，也还没有得到有机的形成。”①

葛兰西十分看重政党的作用，发现了政党与有机知识分子形成之间的关系，认为政党是培育知识分子的重要途径。他指出：“政党是完整的、全面的知识分子的新的培育人，可以被理解为现实的历史过程的理论和实践的统一在其中得以发生的坩埚。”②在此基础上，葛兰西提出了有机知识分子培养和形成的两种基本路径，一条是内生路径，另一条是外化路径。

所谓内生路径，简单来说就是政党自我内部培养。在葛兰西看来，政党在某些领域内执行职能的效力相比国家行为有时更加彻底，更加有组织性。“政党所负的责任是把某一集团的有机知识分子和传统知识分子结合在一起。政党在完成该职能时严格地依赖于其基本职能，即培养自己的组成部分——一个作为‘经济’集团产生和发展起来的社会集团所具有的那些成分——并且把他们转变成合格的政治知识分子、领导者以及一个完整的社会所固有的一切活动与职能的组织者。”③

葛兰西认为一个政党的所有成员都应该被视为知识分子，不过要在程度上做出区分。“政党应该拥有较多或较少的成员，其级别有高有低，但这并非关键。重要的是它在领导和组织方面的职能，即教育和智识的作用。”④葛兰西突出了政党的教育和智识的功能；他进而认为一些特定阶层如果为了某些具体的目的，他们是不

① 葛兰西：《狱中札记》，曹雷雨、姜丽、张跣译，河南大学出版社，2016，第 244 – 245 页。
② 葛兰西：《狱中札记》，曹雷雨、姜丽、张跣译，河南大学出版社，2016，第 245 页。
③ 葛兰西：《狱中札记》，曹雷雨、姜丽、张跣译，河南大学出版社，2016，第 10 页。
④ 葛兰西：《狱中札记》，曹雷雨、姜丽、张跣译，河南大学出版社，2016，第 11 页。

会加入政党的，会以加入工会的方式实现自身的需求。例如农民、商人和工业家，他们加入政党并不能使自身的产业有所促进，因为政党不承担这样的功能，而如果加入相应的工会组织，则有可能会促进自身的产业发展，在工会中存在着技术、资金的交流和合作。因此就需要政党将这些知识分子组织起来，这对于有机知识分子和传统知识分子是同样重要的。

所谓外化路径，是指无产阶级政党通过教育的手段将传统的知识分子转化为有机知识分子。葛兰西十分重视教育的功能，主张培养属于革命阶层的有机知识分子，要认清脱离群众的虚假的精英和与人民大众保持有机联系的知识分子之间的区别。葛兰西对其本国历史上的志愿者进行了深入的分析，认为存在两种形式的自愿主义，他们的共同特点是过于夸大个人的作用，鼓吹英雄主义，把少数积极分子美化为超人的集体。“人们必须同上述的虚假英雄主义和虚假精英主义等堕落现象做斗争，激励建设同质和团结的社会集团，这样才能产生自己的知识分子、自己的突击队和先锋——它们反过来又会作用于这些社会集团，从而使之得到发展。”[①]

教育活动对于各类知识分子都具有极大的重要性。葛兰西认为通过两个途径实现对知识分子群体的教育以达到将其改造为有机知识分子的目的：“①一种总的生活观念，一种给予其信徒智识‘尊严’的哲学，它所提供的是迥异于高压统治下的旧思想体系的原则，以及与这些思想体系做斗争的因素；②一种教育大纲，一种令一部分知识分子感兴趣并且赋予他们专业领域之活动的教育原

① 葛兰西：《狱中札记》，曹雷雨、姜丽、张跣译，河南大学出版社，2016，第 166 页。

则和独创的教学法,这一部分知识分子性质相同、人数最多(教师,从小学教员到大学教授)。"[①]这种教育的最终结果就是征服和转变传统知识分子,并使之与有机知识分子结合起来。

5.3.3　布哈林与葛兰西对夺取文化领导权主力的认识异同

布哈林和葛兰西在夺取文化领导权主力方面具有共同点,这包括以下三个方面。

一是对知识分子范畴、功能与作用的认识具有共同点。布哈林和葛兰西都认为知识分子从属一定的社会集团,同时拥有一定的独立性,也就是说无产阶级、资产阶级、地主阶级等都拥有自己的知识分子队伍,这支队伍形成之后又会按照自身的特点具有一定的独立性。这为大力发展无产阶级自己的知识分子(有机知识分子)和吸纳转化其他阶级的知识分子奠定了理论基础。两者都认为知识分子具有意识形态的媒介作用,都具有组织、引导、教育人民群众的功能。

二是对无产阶级文化干部和知识分子是夺取文化领导权主力的认识具有共同点。布哈林提出,夺取文化领导权,"不能用简单的镇压和强制的方法","要解决问题,就得从外面自己人中间分出这么一些人,他们什么都懂,什么都会,而且干得不是比那些在某些方面对我们有危险的人坏,而是比他们好。这是今天我们在文化工作领域的政策的中心点"。这表明:大力培养无产阶级的文化干部和知识分子队伍,并且是数量和质量上超过资产阶级的文化

① 葛兰西:《狱中札记》,曹雷雨、姜丽、张跣译,河南大学出版社,2016,第75页。

力量,这是取得文化领导权的关键。葛兰西也认为,“运动战”的策略在西方社会不适合,面对日益强大的市民社会,必须培养和形成无产阶级的有机知识分子去执行“阵地战”的策略,通过无产阶级自身的文化力量逐步夺取市民社会,最终取得文化领导权。

三是对培养和形成无产阶级的文化力量的途径的认识具有共同点。布哈林和葛兰西都强调任何政党都具有培养自己的领袖干部和知识分子的重要职能,无产阶级政党在阶级基础广泛和工作劳动集聚方面的特点和优势,使得无产阶级政党能够更好地承担培养和形成自己的干部和文化力量的重任。布哈林和葛兰西还强调知识分子本身的作用和职能,通过成熟的无产阶级知识分子再去教育培养普通群众,使工人群众中间产生新的无产阶级知识分子,这样传送带式地进行下去,形成源源不断的知识分子的补充力量。布哈林和葛兰西都强调对其他阶级集团的知识分子的改造或同质化,使之站到无产阶级这边,葛兰西称之为将传统知识分子转变为有机知识分子,从而进一步壮大无产阶级的文化力量。

布哈林和葛兰西在夺取文化领导权主力方面的不同点,主要体现在对无产阶级文化力量的培养途径上,实质的问题是不取得国家政权,无产阶级能否成熟为一个超过资产阶级的这样一个文化力量。在葛兰西看来,由于西方国家的市民社会发达,不能采用运动战即暴力革命的方式夺取国家政权,那么,在没有取得国家政权的情况下,如何同资产阶级的市民社会这样一个强大的意识形态相抗衡呢?葛兰西给出的答案是通过无产阶级政党的培养,有机知识分子对传统知识分子的同质化及对人民群众的引导,形成无产阶级的有机知识分子队伍,再通过阵地战的方式一点一点夺取思想文化的阵地。事实上,葛兰西也承认,资产阶级的市民社会异常强大,这场阵地战必将是一场艰辛的持久战。问题的关键是在不夺取国家政权、不掌握文化机器的情况下,单靠无产阶级政党和有限的知识分子力量的教育引导,能够形成比资产阶级知识分子更加强大的文化力量吗？这一点是让人非常怀疑的,也是让许多学者诟病甚至认为葛兰西的理论是空想的重要原因。

布哈林明确指出:"根本不能设想,也不能幻想,无须破坏和击溃资产阶级对高等学校的垄断,就能生产工人阶级出身的、以工人阶级为基础的这样高水平的文化干部。这一点,我再重复一下,是很清楚的,无须任何争论的。由此我们必然得出结论说,没有无产阶级专政,工人阶级成熟为这样一个文化力量是不可能的。"布哈林进一步解释道:"因为在资本主义社会的范围里,工人阶级没有力量打破教育垄断。如果设想资产阶级只是靠赤裸裸的暴力维持,或者说只是依靠垄断生产资料,这是肤浅的,完全缺乏批判的,不正确的。资产阶级在生产资料方面的垄断同它资本主义社会中的高等学校中、在教育方面的垄断地位是一致的,因为在它的手里掌握着这个施加文化思想影响的强大机器。不言而喻,如果工人阶级给自己提出这样一个阶级的任务,即它应当自己组成这样的阶层,那么它就应当打破这种垄断,但是只要它还没有把国家机器和国家政权夺取到手,它就不能打破这种垄断。"①

5.4　本章小结

本章重点研究布哈林与葛兰西文化领导权思想关于夺取文化

① 布哈林:《无产阶级革命和文化》,载《社会主义及其文化》,重庆出版社,2015,第201页。

领导权的基本内容比较。在夺取文化领导权的场域比较方面,布哈林提出了文化领导权建设基础论,从无产阶级的文化的原则、文化的集约性和文化的粗放性三个方面分析了俄国无产阶级文化的状况。葛兰西的市民社会理论,分析了市民社会的本质特征与构成、市民社会与国家的关系和市民社会的主要功能,提出市民社会是西方国家文化领导权争夺的场域。布哈林与葛兰西都认为争夺文化领导权的场域是国家,区别在于具体语境下布哈林指的是东方国家,葛兰西指的是西方国家,这种区别的原因在于对市民社会理论、市民社会与国家关系和如何夺取文化领导权场域等基本问题存在认识差异。在夺取文化领导权的策略比较方面,布哈林提出了党的一般领导下的"文化竞赛"策略,葛兰西则提出了由"运动战"转向"阵地战"策略,布哈林与葛兰西都认为夺取文化领导权的策略,必须尊重文化发展的自身规律,反对行政力量对文化领域的直接干预,推动无产阶级文化发展壮大必须同各种思想文化进行充分的竞争,其区别在于对实施斗争策略的支持系统存在认识差异。在夺取文化领导权的主力比较方面,布哈林提出了文化干部和知识分子政策,葛兰西则提出了"有机知识分子"理论,布哈林和葛兰西都认为无产阶级知识分子是夺取文化领导权的主力,区别在于对无产阶级知识分子的培育和形成的认识不同。

第6章　布哈林与葛兰西文化领导权思想比较研究的当代意蕴

通过对布哈林和葛兰西的文化领导权思想的比较，我们更加深刻和系统地把握了文化领导权思想的核心概念，产生的时代背景、理论来源，以及关于夺取文化领导权的基本内容，构建了布哈林和葛兰西较为完备的文化领导权思想的理论体系，对新时代加强我们党对文化的领导权建设有着重要的理论和实践意义。从布哈林和葛兰西的文化领导权思想中我们也得出重要启示：要深刻认识文化领导权建设的重大意义，努力把握文化领导权建设的历史方位，建设强大的社会主义意识形态，加强和创新意识形态阵地建设，打造一支高素质文化干部和知识分子队伍。

6.1　深刻认识文化领导权建设的重大意义

布哈林和葛兰西的文化领导权思想继承和发展了马克思主义和列宁主义，分别提出了具有较大原创性的思想理论，在马克思主义理论宝库中占据重要地位，对推动世界各国无产阶级及其政党独立探索适合本国国情的革命和建设道路，具有重要的理论和实践意义。布哈林是国际共产主义运动中较早提出文化领导权理论的马克思主义理论家，他率先探索了无产阶级专政的过渡时期夺取文化领导权的理论，对避免苏联新兴的无产阶级政权蜕化变质的风险、贯彻落实新经济政策、推动20世纪20年代苏联文化的繁荣发挥了重要作用。葛兰西的文化领导权思想提出了有别于俄国式的暴力革命的一种适合于西方社会的革命形式，是无产阶级整体革命的有机组成部分，推动了无产阶级革命斗争的焦点由国家政权向意识形态领域转变，为发达国家开展无产阶级革命斗争提供了崭新视角和路径选择，成为西方马克思主义流派的形成和发展的重要理论源头。布哈林和葛兰西文化领导权思想的历史地位、作用和意义，对我们深刻认识新时代党的文化领导权建设的重大意义具有重要启示。

6.1.1 文化领导权建设事关党的前途命运

布哈林和葛兰西都强调无产阶级及其政党不仅在政治上要成熟起来，在文化上也要成熟起来，成熟到可以掌握文化领导权。在布哈林看来，如果无产阶级及其政党只掌握政治领导权，不能尽快地掌握文化领导权，那么，无产阶级及其政党将面临失去政权的危险，就不能实现无产阶级政党的历史使命。在葛兰西看来，在市民社会如此发达的西方国家，如果无产阶级及其政党不夺取文化领导权，那就不可能掌握政治领导权，即国家政权，即便通过暴力革命侥幸夺取国家政权，也将由于不掌握文化领导权而丧失统治的合法性和民意基础，国家政权也将得而复失，所肩负的历史使命也将难以实现。这启示我们，无产阶级及其政党要实现夺取国家政权，实现自己的历史使命，必须始终坚持文化领导权建设。苏联共产党在拥有 20 万党员时夺取政权,200 万党员时打败法西斯,2000 万党员时却丢失政权,这个执政 70 多年的政党和世界上第一个社会主义国家是如何在一夜之间分崩离析、迅速垮台的? 其中一个非常重要的原因是苏联共产党及其领导人戈尔巴乔夫放弃马克思主义在意识形态领域的指导地位,鼓吹所谓公开性、多元化,丧失了党对意识形态工作的领导权,全国各民族团结奋斗的思想基础被破坏。因此,理论和现实都一再告诫我们,一个政党要执政兴国,就必须夯实共同奋斗的精神根基。而敌对势力要搞垮一个政党、颠覆一个政权,也往往先从意识形态领域打开缺口,占领舆论阵地。思想防线一旦失守,其他防线就很难守住。为了避免人亡政息的历史悲剧重演,不管到了任何时候,不管形势如何变幻,我们党必须始终紧抓宣传思想工作,决不能放松。

6.1.2　文化领导权建设事关国家政权安全

布哈林和葛兰西都强调,文化领导权事关国家政权的稳固与安全。在布哈林看来,俄国无产阶级通过暴力革命取得了胜利,只是夺取了国家政权即政治领导权,还没有掌握或独立掌握文化领导权,如果无产阶级及其政党长期不掌握文化领导权,那么,无产阶级政权将面临来自外部敌对势力的思想侵蚀和内部无产阶级蜕化变质的危险,这将严重威胁到国家政权安全。在葛兰西看来,整体国家的概念既包括传统的政治社会,也包括日益发展的市民社会,而政治社会的功能一部分在减少弱化,一部分由市民社会所取代,市民社会的国家功能日益强大,成为政治社会的外衣或甲胄,而市民社会的本质就是观念上层建筑即意识形态。因此,在西方社会无产阶级夺取国家政权必须首先占领市民社会,夺取文化领导权。这启示我们文化领导权日益成为整体国家的一部分,承担和发挥国家文化职能,事关国家政权稳固和安全。毛泽东同志指出:“凡是要推翻一个政权,总要先造成舆论,总要先做意识形态方面的工作。革命的阶级是这样,反革命的阶级也是这样。”习近平总书记提出了“国家总体安全观”,认为文化安全不仅是国家安全体系的重要内容,而且是国家总体安全的重要保障。2010 年爆发的“阿拉伯之春”,曾被中东人民寄托了通过西方式的民主来追求实现阿拉伯复兴的无限梦想,但结果却事与愿违,卷入其中的国家大多在所谓民主转型过程中一步步走向了动乱和衰败。“阿拉伯之春”变成“阿拉伯之冬”。这场剧变从突尼斯开始迅速席卷埃及、利比亚、叙利亚、也门、巴林等,甚至影响到中东以外的国家,已经造成超过 140 万人死亡,1500 多万人沦为难民,并给基础设施造成近 1 万亿美元的损失。理论和现实一再告诫我们,处于发展转型期的社会,如果不能对纷繁复杂的社会政治思潮进行有效疏导,无法在多元中立主导、在多样中谋共识,社会长期稳定的基石就会动摇,国家政权就会面临极大危险。一个国家要想长治久安,必须走上一条符合本国国情的发展道路,决不能照抄照搬别国的发展模式,也不能全盘接受别国的意识形态。

6.1.3 文化领导权建设事关民族凝聚力和向心力

布哈林和葛兰西都强调文化和意识形态能够超越阶级、种族,具有强大的凝聚力、向心力和影响力,能够把整个民族紧紧团结在一起。比如,以儒家文化为代表的传统文化从根本上反映了封建地主阶级的利益，但是与一个民族的凝聚力和向心力息息相关，成为封建地主阶级统治的正统性和合法性的基础。北宋被少数民族建立的政权金国所灭，发生了靖康之耻，南宋的建立者赵构在南逃的过程中，不忘记将儒家文化的重要象征——孔子的 47 代嫡长孙孔端友一并迁到了南方，并赐家浙江衢州。当元朝灭亡南宋之后，为了强调自己是中华道统的继承者，巩固政权的正统性和合法性，实现蒙古族统治下的中华各民族的凝聚力和向心力，元世祖忽必烈本想将浙江衢州的孔子 52 代嫡长孙孔洙及其后人载爵归鲁奉祀，孔洙以护持衢州先祖庙墓为由主动将世袭的爵位让给留守山东曲阜的孔端友胞弟孔端操的后人，即历史上著名的“孔洙让封”，造成了中国历史上“北孔”和“南孔”并存的文化奇观。实际上，在苏东剧变之后，世界各国都十分重视意识形态工作。西方发达国家更是把意识形态作为实现其国家利益的重要手段，并把它渗透到经济社会生活和对外交往的方方面面。比如，美国从独立到现在发展成为世界超级强国，一直在抓意识形态方面的宣传，它的爱国主义与爱资本主义是统一的。其主张“爱美国”，即爱它的制度和生活方式，相信它是世界上最合理的、最优越的国家，进而由爱和信任产生信念和忠诚。美国的政治教育和价值观教育贯穿两个主旋律：一是把美国的宪法和《独立宣言》作为最高经典进行传播和灌输；二是宣扬美国的三权分立的政治制度和民主、自由、平等、博爱的价值观念。其在具体内容上包括四个基本的主题，即资本主义及其优越性教育、反共产主义教育、公民权利和义务教育、国民精神教育。这四个方面的教育宣传保持了长期的稳定性和连续性，并不因共和党和民主党的轮流执政而受到任何影响。理论、历史和现实一再告诫我们，一定要加强文化领导权建设，建立具有强大凝聚力和影响力的意识形态,努力形成全国各族人民共同团结奋斗的最大思想共识。

6.2 努力把握文化领导权建设的历史方位

布哈林和葛兰西的文化领导权思想的形成和发展都具有深刻的时代背景,这是文化领导权建设的现实基础和历史方位。布哈林文化领导权思想产生于俄国无产阶级革命已经取得胜利、无产阶级专政过渡的历史时期,针对无产阶级及其政党已经掌握政治领导权,但是无产阶级文化还不成熟的情况下,如何逐步取得无产阶级文化领导权的问题。葛兰西文化领导权思想产生于无产阶级革命与帝国主义战争的时代,针对在落后的东方国家俄国无产阶级革命取得胜利,而在发达的欧洲国家无产阶级革命却相继失败的问题,提出了如何在发达的西方社会进行无产阶级革命的战略。这表明,任何思想理论都是在一定时代背景下产生的,无论经济建设、政治建设还是文化建设,也都是在一定的基础上进行的,这对我们准确把握我国文化领导权建设的历史方位具有重要启示。

6.2.1 文化领导权建设取得的重大成就

深刻认识和充分肯定我国文化领导权建设取得的重大成就,是把握新时代我国文化领导权建设的历史方位的重要内容。在革命、建设和改革各个时期,中国共产党始终高度重视文化领导权建设,取得了重大成就。特别是党的十八大以来,以习近平同志为核心的党中央高度重视宣传思想文化工作，做出一系列重大决策，实施一系列重大举措，推动党的文化领导权建设取得新的伟大成就。党的十九大报告指出："宣传思想战线积极作为、开拓进取，党的理论创新全面推进，马克思主义在意识形态领域的指导地位更加鲜明，中国特色社会主义和中国梦深入人心，社会主义核心价值观和中华优秀传统文化广泛弘扬，群众性精神文明创建活动扎实开展，主流思想舆论不断巩固壮大，文化自信得到彰显，国家文化软实力和中华文化影响力大幅提升，全党全社会思想上的团结统一更加巩固。"①报告中的这一重要论述对党的宣传思想工作和文化领导权建设所取得的重大成就，进行了全面准确的概括和评价。可以说，这五年的文化建设成就是全方位的、开创性的，这五年的文化领域变革是深层次的、根本性的，在文化和意识形态建设方面，我们解决了许多长期想解决而没有解决的难题，办成了许多过去想办而没有办成的大事。2018 年，习近平总书记在全国宣传思想工作会议上，深刻总结了做好新时代党的宣传思想工作的一系列新思想新观点新论断，这就是"坚持党对意识形态工作的领导权，坚持思想工作'两个巩固'的根本任务，坚持用新时代中国特色社会主义思想武装全党、教育人民，坚持培育和践行社会主义核心价值观，坚持文化自信是更基础、更广泛、更深厚的自信，是更基本、更深沉、更持久的力量，坚持提高新闻舆论传播力、引导力、影响力、公信力，坚持以人民为中心的创作导向，坚持营造风清气正的网络空间，坚持讲好中国故事、传播好中国声音"②。这"九条坚持"是

① 习近平：《决胜全面建成小康社会　夺取新时代中国特色社会主义伟大胜利——在中国共产党第十九次代表大会上的报告》，《人民日报》2017 年 10 月 28 日第 1 版。

② 张洋：《习近平在全国宣传思想工作会议上强调　举旗帜聚民心育新人兴文化展形象　更好完成新形势下宣传思想工作使命任务》，《人民日报》2018 年 8 月 23 日第 1 版。

我们党不断深化对宣传思想工作的规律性认识，是加强新时代党的文化领导权建设的根本遵循，必须长期坚持、不断发展。

6.2.2 文化领导权建设面临的重大挑战

习近平总书记指出："我们正在进行具有许多新的历史特点的伟大斗争，面临的挑战和困难前所未有，必须坚持巩固壮大主流思想舆论，弘扬主旋律，传播正能量，激发全社会团结奋进的强大力量。"[①]中国特色社会主义进入新时代，文化领导权建设必然面临新形势新问题新挑战，这些是加强新时代文化领导权建设的基本任务和重要方向，构成了文化领导权建设历史方位的重要内容。新时代文化领导权建设面临重大挑战，包括以下几个方面的问题。

第一，一些敌对势力加紧渗透，与党争夺文化领导权。以美国为首的西方资本主义国家，把以自我为中心的那一套特殊的政治理论和价值观念包装成所谓"普世价值"，把他们所演绎的平等、自由、民主、博爱、人权等美化成放之四海而皆准的标尺，强迫其他国家和民族遵行，意欲确立资本主义生产方式下的价值共同体，把所有不符合他们那一套价值观念的国家视为"异类"，甚至贴上"邪恶国家""恐怖国家""失败国家"的标签，把所有符合其价值观标准的国家视为"自由世界""民主同盟"，其目的绝非帮助其他国家走上康庄大道，而是为了颠覆不符合自身意愿和利益的他国政权，以获取巨大的战略利益和战略资源。国内少数分子充当西方敌对势力的带路党、马前卒，配合西方制造舆论。前些年，有的"网络大

---

① 张洋：《习近平在全国宣传思想工作会议上强调 举旗帜聚民心育新人兴文化展形象 更好完成新形势下宣传思想工作使命任务》，《人民日报》2018 年 8 月 23 日第 1 版。

V”发帖说，政府就是要让百姓来骂的，政权是骂不倒的。事实上，如果一个社会负面新闻被肆意炒作、无限放大，特别是当正常的社会批评演化为毫无理性的抹黑谩骂、谣言攻击，必然导致“塔西佗陷阱”。所谓“塔西佗陷阱”，是古罗马时代的历史学家塔西佗在评价一位罗马皇帝时所说的话：“一旦皇帝成了人们憎恨的对象，他做的好事和坏事就同样会引起人们对他的厌恶。”之后被中国学者引申成为一种社会现象，指当政府部门或某一组织失去公信力时，无论说真话还是假话，做好事还是坏事，都会被认为是说假话、做坏事。因此，必须加强党对宣传思想文化工作的全面领导，旗帜鲜明地坚持党管宣传、党管意识形态，把握文化发展的正确方向，在意识形态斗争中牢牢掌握主动权。

第二，一些错误思潮的社会影响仍然较大，对社会主义意识形态构成冲击。一些非社会主义、反社会主义的错误思潮暗流涌动，与社会主义意识形态交流碰撞，给人民群众的思想造成不同程度的影响，对社会主义主流意识形态构成冲击和挑战。近些年，危害较大、影响较深的社会思潮主要有以下几种。一是历史虚无主义。20世纪七八十年代以来，历史虚无主义思潮开始在社会主义国家流行，并逐渐转变成一种专门拿共产党和社会主义国家历史做文章，专门为策动社会主义国家政治动乱造舆论，专门用来同社会主义制度打心理战的政治思潮。通过挖掘马克思主义经典作家、党的领袖和各个历史时期的英雄模范和先进人物的生活细节和所谓隐私，打着学术研究、去意识形态化、还原历史真相的幌子，搞所谓的大揭秘，造谣抹黑污蔑党史、军史和国史，进而否定党的执政地位，这种思潮在我国沉渣泛起且有进一步蔓延之势。二是新自由主义。20世纪80年代，以里根、撒切尔夫人为代表的新自由主义思潮开始在全球蔓延。新自由主义主张回归古典自由主义，在政治理论方面强调否定公有制、否定社会主义、否定国家干预；在经济理论方面强调"自由化""私有化"和"市场化"。持这一论调者，集中攻击我国国有企业，污蔑国有企业是有原罪的，是"不堪"的存在，极力主张国企私有化，推崇"市场万能"，反对政府干预。这一政治经济思潮曾经对拉美国家的经济发展造成严重影响，它同样不符合中国的国情和发展实际，必须旗帜鲜明地加以反对。

第三，社会负面情绪与热点问题蓄意泛政治化、泛意识形态化，侵蚀社会思想根基、消解党执政的群众基础。随着我国经济体制深刻变革、社会结构深刻变动、利益格局深刻调整、思想观念深刻变化，改革发展中的矛盾问题、风险冲突也必然叠加聚集，诸如收入分配、就业就学、看病就医、二孩养老、生态环境、食品安全、民间投资、房价暴涨等社会问题不可避免地要折射到人们的心理层面，容易引发社会心态波动，部分人把社会当前的困难和问题归因为"社会割裂、利益固化"，并把这样的负面情绪和消极心理引向党和政府，引向中国特色社会主义道路和制度，丑化党和政府形象、诋毁党的大政方针。一些人故意放大和歪曲我国社会发展中的矛盾和问题，把一些社会热点问题蓄意泛政治化、泛意识形态化，挑起群体性事件，发酵和激化社会矛盾。前些年，网络上一些人制造了不少针对国有企业的奇谈怪论，大谈"国有企业垄断论"，宣扬"国有企业与民争利"，鼓吹"私有化""去国有化""去主导化"，操弄所谓"国进民退""民进国退"的话题，一时间，国有企业被推到社会舆论的风口浪尖，这表面上是攻击国有企业，实际上是看到国有企业是中国特色社会主义的重要物质基础和政治基础，是我们党执政兴国的重要支柱和依靠力量，其目的还是冲着党的执政地位来的，这必须引起我们的高度警惕。

第四，境外敌对势力将青年学生作为意识形态渗透的重点，与我争夺师生、争夺未来。早在 20 世纪 50 年代，美国国务卿杜勒斯就提出了把对苏联、中国的和平演变寄托在社会主义国家的第三代、第四代人身上。美国总统尼克松在《1999：不战而胜》一书中，指出："当有一天中国的年轻人已经不再相信他们老祖宗的教导和他们的传统文化，我们美国人就不战而胜了。"这表明西方国家和敌对势力历来热衷以高校为目标，把搞"颜色革命""西化分化"的企图寄托于青年学生一代，用各种手段裹挟错误思潮在高校抢滩登陆。个别教师深受西方相关理论与学科话语体系影响，对学术自由、西方文化等存在模糊认识，对重大理论问题持消极态度。有人打着"学术自由"的旗号，向师生宣扬新自由主义、民粹主义、历史虚无主义等错误思潮，有些高校出现传播西方错误价值观念的教材进入课堂。学校已成为各种宗教传道布教和发展信徒的重点领域，宗教有向低龄学生传播渗透的趋势，如有的宗教组织以开展青少年国学班、音乐培训之名，拉拢青少年，某些境外势力甚至专门针对中国大学生进行传教。青年是祖国的未来、民族的希望，也是我们党的未来和希望。我们要高度重视青年学生的健康成长，坚持党管青年原则，用社会主义核心价值观引领青年成长，助力青年实现人生理想。

6.2.3　社会主要矛盾的变化在文化领域的表现

社会主要矛盾的变化是推动国家迈进新的历史方位的主要依据和重要标志。党的十九大报告提出我国社会主要矛盾已经由人民日益增长的物质文化需要同落后的社会生产之间的矛盾转化为人民日益增长的美好生活需要和不平衡不充分的发展之间的矛盾,这标志着中国特色社会主义进入新时代,同时也标志着中国的文化领导权建设也进入了新的历史方位。我们应当从社会主要矛盾的变化来看我国文化领域的深刻变化。

一是从文化生产来看,据国家统计局公布的数据,2017 年我国文化产业实现增加值 35462 亿元,比 2004 年增长 9. 3 倍;2005—2017 年年均增长 19. 7% ,比同期 GDP 现价年均增速高 6. 3 个百分点,文化产业呈现出快速增长的态势。比如,2016 年文化服务业实现增加值 16024 亿元,比 2013 年增长 55. 5% ;2014—2016 年年均增长 15. 8% ,文化制造业增加值 11889 亿元,比 2013 年增长 26. 2% ,年均增长 8. 1% ,文化批发和零售业增加值 2872 亿元,比 2013 年增长 33. 9% ,年均增长 10. 2% 。[①] 这说明,我国文化产业发展落后状况已经发生根本性转变,文化产业整体竞争力明显提高,再讲"落后的文化生产"已经不符合实际了。

二是从文化需求来看,当前,人民群众需要的内容品质层次在不断地扩展和提高,正从生存需要向享受需要再向发展需要拓展,人民群众需要的内涵在不断丰富,从物质需要正在向政治、文化等精神需要拓展,人们对文化的需求增长快速。据国家统计局的数据,2017 年,全国居民用于文化娱乐的人均消费支出为 850 元,比 2013 年增长 47. 3% ,2014—2017 年年均增长 10. 2% ,增速比同期全部人均消费支出高 1. 7 个百分点。这说明,文化需求始终是人

① 国家统计局社科文司:《国家统计局:改革开放 40 年文化事业文化产业发展成就》,http://www. sohu. com/a/254853280_100019887,访问日期:2018 年 9 月 19 日。

民群众需要的重要内容。[①]

三是从供求关系来看,影响满足人民群众文化生活需要的因素很多,但主要是发展不平衡不充分的问题。不平衡,在文化领域主要是城乡区域文化发展和居民用于文化消费的差距依然较大。据统计,2017 年,我国文化产业固定资产投资额达 38280 亿元,其中东部地区为 15891 亿元,中部地区为 10472 亿元,西部地区为 10470 亿元。2017 年城镇居民人均文化娱乐消费支出 1339 元,农村居民人均文化娱乐消费支出 261 元,城乡居民人均文化娱乐消费支出之比是 5.1∶ 1。[②] 不充分,指文化体制改革有待进一步深化,现代文化市场体系和公共文化服务体系有待进一步完善,文化产业发展质量和效益还不高,文化创新创意能力不够强,文化产业国际竞争力有待进一步提高。可以说,以前我们要解决的是有没有的问题,现在则是要解决好不好的问题。发展是动态过程,不平衡不充分是永远存在的,但当发展到了一定阶段后不平衡不充分成为文化产业发展的主要矛盾的主要方面时,就必须花大力气、下功夫去认识它、解决它。

6.3　建设强大的社会主义意识形态

布哈林和葛兰西都强调坚持以马克思主义为指导,建设强大的无产阶级文化是夺取和巩固文化领导权的根本任务。布哈林一

① 国家统计局社科文司:《国家统计局:改革开放 40 年文化事业文化产业发展成就》,http://www.sohu.com/a/254853280_100019887,访问日期:2018 年 9 月 19 日。

② 国家统计局社科文司:《国家统计局:改革开放 40 年文化事业文化产业发展成就》,http://www.sohu.com/a/254853280_100019887,访问日期:2018 年 9 月 19 日。

直以来都主张建设无产阶级文化,并强调只有建设强大的无产阶级文化,才能战胜资产阶级文化从而真正掌握无产阶级的文化领导权,这是文化发展的客观规律,通过行政手段干预是无法达到真正取得文化领导权的目的的。葛兰西强调形成无产阶级有机知识分子,通过这支强大的文化力量形成强大的无产阶级文化,进而通过发动阵地战的形式,逐步占领资产阶级的市民社会,最终战胜资产阶级文化掌握文化领导权。这启示我们加强新时代党的文化领导权建设,必须把建设具有强大凝聚力和引领力的社会主义意识形态作为一个战略任务。

6.3.1 巩固马克思主义在意识形态领域的指导地位

布哈林和葛兰西的文化领导权思想都坚持马克思主义的立场、观点和方法,都强调马克思主义是无产阶级及其政党的根本指导思想,是在夺取文化领导权斗争中的强大思想武器。马克思的意识形态理论、社会结构理论、国家理论和无产阶级革命理论等对布哈林和葛兰西文化领导权思想的形成产生了重大影响,对坚持和巩固党的文化领导权具有重要指导意义。在布哈林看来,马克思主义不仅揭示了无产阶级的文化原则,而且是无产阶级文化集约性的重大标志性成果,是战胜资产阶级文化的强大思想理论。在葛兰西看来,在西方社会,无产阶级的有机知识分子要拿起马克思主义的理论武器,通过阵地战的斗争策略,逐步夺取资产阶级的市民社会,实现无产阶级的文化领导权,最终夺取国家政权。这启示我们,坚持和巩固党的文化领导权,必须用马克思主义理论武装头脑,巩固马克思主义在意识形态领域的指导地位。

第一,学习研究马克思主义,提高马克思主义理论水平。关于什么是马克思主义,从不同角度有不同回答,我们可以说,马克思主义是无产阶级争取自身解放和整个人类解放的科学理论,是无产阶级的世界观和方法论,是关于自然界、人类社会和人类思维发展的普遍规律的学说。马克思主义由马克思主义哲学、马克思主义政治经济学和科学社会主义三个组成部分构成,具有深刻的科学性、真理性和严密的逻辑性,它"所阐述的一般原理整个来说仍然是完全正确的"。习近平总书记在纪念马克思诞辰200周年大会上指出:"在人类思想史上,没有一种思想理论像马克思主义那样对人类产生了如此广泛而深刻的影响。今天,马克思主义极大推进了人类文明进程,至今依然是具有重大国际影响的思想体系和话语体系,马克思至今依然被公认为'千年第一思想家'。"[①]因此,我们要深入学习研究马克思主义基本原理,特别是学习研究马克思主义的经典著作,不断夯实自己的马克思主义的理论基础。

第二,将马克思主义与具体实际相结合,提高观察和解决问题的能力。在马克思主义中国化的过程中,一个一以贯之的思想灵魂和方法论就是什么是马克思主义和怎样对待马克思主义。恩格斯指出:"我们的理论是发展着的理论,而不是必须背得烂熟并机械地加以重复的教条。"以毛泽东同志为核心的党的第一代中央领导集体,围绕"什么是马克思主义、怎样对待马克思主义"这个命题,将马克思主义同中国革命的实际相结合,探索了具有中国特色的革命道路,推动了马克思主义第一次历史性飞跃,形成了毛泽东思想。以邓小平同志为核心的党的第二代中央领导集体,围绕"什

① 习近平:《在纪念马克思诞辰200周年大会上的讲话》,《人民日报》2018年5月5日第2版。

么是社会主义、怎样建设社会主义”这一命题，将马克思主义同中国具体实际相结合，开辟了中国特色社会主义道路，推动了马克思主义第二次历史性飞跃，形成了邓小平理论。以习近平同志为核心的党中央围绕“新时代坚持和发展什么样的中国特色社会主义、怎样坚持和发展中国特色社会主义”这个命题，推动了马克思主义第三次历史性飞跃，形成了习近平新时代中国特色社会主义思想。总之，将马克思主义同具体实际相结合是科学对待马克思主义的正确态度和原则方法。我们不能拘泥于马克思主义理论教条，犯本本主义错误，要善于根据实践和实际的发展，推动马克思主义中国化，在理论上不断拓展新视野、做出新概括，用马克思主义的创新理论指导新的实践，不断提高观察和解决问题的能力。

第三，自觉运用马克思主义立场观点方法，批判引领各种社会思潮。用马克思主义的立场观点方法观察和解决问题，坚持以马克思主义及其中国化的理论成果武装全党、教育人民，旗帜鲜明地维护马克思主义在意识形态领域的指导地位，同各种反马克思主义、假马克思主义等错误和反动思潮进行坚决斗争，善于运用马克思主义立场观点方法分析各种社会政治思潮的本质和危害，对其进行彻底的批判，加强对各种非马克思主义和非社会主义的社会思潮的引领，使之朝着社会主义先进文化的方向转化，至少避免滑向反动、错误思潮一边。坚持马克思主义在意识形态领域的指导地位，必须引导广大党员干部和人民群众坚信马克思主义揭示的人类历史发展总趋势，坚定他们对马克思主义的信仰、对共产主义和社会主义的信念，用科学理论武装头脑、指导实践、推动工作。

6.3.2　学习贯彻习近平新时代中国特色社会主义思想

布哈林和葛兰西是坚持和发展马克思主义的典范,他们立足各自实际,坚持推动马克思主义创新发展,形成许多具有原创性的思想理论,有力地指导了无产阶级革命和社会主义建设实践,具有重要的理论和实践意义。这启示我们,坚持和创新马克思主义,是无产阶级及其政党斗争实践和时代发展的客观需要,深化了对共产党执政规律、社会主义建设规律和人类社会发展规律的认识,是一个时代先进思想的理论升华,是建设强大的社会主义意识形态的重要内容。党的十九大将习近平总书记治国理政新理念新思想新战略概括为习近平新时代中国特色社会主义思想,确立为我们党必须长期坚持的指导思想,并写入党章。这是党的十九大的灵魂,是党的十九大的一个历史性决策和最重要的贡献,具有重大的政治意义、理论意义、实践意义。习近平新时代中国特色社会主义思想是一个内涵丰富、逻辑严密、系统完备的科学体系,深刻回答了新时代坚持和发展中国特色社会主义的总目标、总任务、总体布局、战略布局和发展方向、发展方式、发展动力、战略步骤、外部条件、政治保证等基本问题,涵盖了经济、政治、法治、科技、文化、教育、民生、民族、宗教、社会、生态文明、国家安全、国防和军队、"一国两制"和祖国统一、统一战线、外交、党的建设等各个方面,其中最重要、最核心的内容就是党的十九大报告概括的"八个明确"和"十四条坚持"。习近平新时代中国特色社会主义思想是当代马克思主义中国化的新飞跃,开辟了当代马克思主义发展的新境界,为新时代坚持和发展中国特色社会主义、推进党和国家事业提供了基本遵循，为发展21世纪马克思主义、当代中国马克思主义做出了贡献。广大党员干部要深刻领会习近平新时代中国特色社会主义思想的精神实质和丰富内涵，在学深悟透笃实上下功夫，在加强文化领导权建设中要全面准确贯彻落实。

6.3.3 培育和弘扬社会主义核心价值观

布哈林在文化领导权思想中提出了无产阶级文化原则理论，认为无产阶级文化原则的先进是保证无产阶级文化先进的根本因素，强调无产阶级文化的粗放性和集约性都要围绕无产阶级文化原则来进行，布哈林还较早提出了社会主义文化的核心价值观，即平等、自由、进步、统一和多样。这启示我们，要把培养和践行社会主义核心价值观作为新时代文化领导权建设的根本任务，努力提高社会主义意识形态的凝聚力、感召力和影响力。习近平总书记指出："在当代中国，我们的民族、我们的国家应该坚守的核心价值观，就是要倡导富强、民主、文明、和谐，倡导自由、平等、公正、法治，倡导爱国、敬业、诚信、友善。"并多次强调："要在全社会大力弘扬和践行社会主义核心价值观，使之像空气一样无处不在、无时不有。"①坚持培育和践行社会主义核心价值观，必须深刻认识和把握以下三个问题。

第一，任何一个社会都要在多样中确立主流价值体系。任何一个社会都存在多种多样的思想观念和价值取向，要把全社会的意志和力量凝聚起来，必须有一套与经济基础和政治制度相适应

① 习近平：《在北京大学师生座谈会上的讲话》，《人民日报》2018年5月3日第2版。

并能形成广泛社会共识的核心价值观。我国是一个有着近十四亿人口、五十六个民族的大国,确立反映全国各族人民共同认同的价值观"最大公约数",使全体人民同心同德、团结奋进,关乎党的前途命运,关乎国家长治久安,关乎人民幸福安康。进入新世纪新阶段,全球意识形态处于从未有过的大活跃、大碰撞、大交融,面对经济全球化、政治多极化、文化多元化、科技信息化的新特点新情况,我们社会中的原有价值理念和道德标准受到冲击,一些原本十分清楚的价值观受到了质疑,致使一些人在价值评判和行为准则选择上,感到迷茫困惑、无所适从,甚至信奉和崇拜西方资本主义国家的价值观念。可以说,现在我们比任何时候都接近实现中华民族伟大复兴的光明前景,我们也比任何时候都需要培育和弘扬社会主义核心价值观。

第二,社会主义核心价值观具有鲜明的中国特色。富强、民主、文明、和谐是国家层面的价值要求,自由、平等、公正、法治是社会层面的价值要求,爱国、敬业、诚信、友善是公民层面的价值要求。这个概括,实际上回答了我们要建设什么样的国家、建设什么样的社会、培育什么样的公民的重大问题,这三个层次的概括实现了政治理想、社会导向、行为准则的统一,实现了国家、集体、个人在价值目标上的统一,兼顾了国家、社会、个人三者的价值愿望和追求,既符合中国发展实际,又契合中国的历史文化传统,具有鲜明的中国特色。新加坡是世界上第一个以国家白皮书形式提出核心价值观的国家,并且较为成功地构建与传播了这一价值观——"共同价值观",即"国家至上,社会为先;家庭为根,社会为本;关怀扶持,尊重个人;求同存异,协商共识;种族和谐,宗教宽容"40个字。这一共同价值观在提升新加坡文明程度和促进社会不同族群和谐发展等方面,发挥了不可替代的重要作用。因此,价值观表述不在于字数多少,而在于是否符合文化传统和国情实际。

第三,建设社会主义核心价值观关键在于融入内化。要使社会主义核心价值观像空气一样无处不在、无时不有,就要综合运用教育引导、舆论宣传、文化熏陶、实践养成、制度保障等方式,把社会主义核心价值观融入国民教育全过程,落实到经济社会发展各方面,使之内化为人们的精神追求、外化为人们的自觉行动。从世界各国成功做法看,教育、媒体是构建社会核心价值观的重要手段。比如,在教育方面,韩国的大学里一般设有“国民伦理”课,1958 年日本中小学就开设了“道德时间”课。在媒体方面,韩国的主流媒体比较重视宣扬社会正义和社会友爱,很少报道暴力、凶杀等负面消息。这些年风靡流行的韩剧,其剧情就包含着忠义、孝道、仁爱、诚信、礼仪、廉耻、爱国等优秀传统文化。在新加坡,政府对媒体监督很严,新加坡媒体重在宣扬政府的政策方针,注重大局和群体利益,讲究以和为贵,以增强这个多种族国家的凝聚力。

6.4 加强和创新意识形态阵地建设

布哈林和葛兰西都高度重视文化阵地建设,强调任何文化和意识形态的传播都要充分发挥文化宣传阵地的支撑和载体作用,将占领和运用文化宣传阵地看作夺取和巩固文化领导权的重要基础和条件。在布哈林看来,加强文化领导权建设的重要内容之一就是提高无产阶级文化的粗放性,即这种文化传播得有多远、有多少人受到这种文化影响的问题。为此,布哈林强调要打破资产阶级的教育垄断,夺取施加意识形态影响的文化机器,为建设强大的无产阶级文化服务。在葛兰西看来,市民社会的本质是观念上层建筑即意识形态,包括政党、学校、教会、报刊以及大众传媒等文化载体与阵地,在市民社会发达的西方,无产阶级必须通过阵地战的策略方式,一点一点、毛细血管式地争夺意识形态阵地,摧毁占领资产阶级的市民社会,最终夺取文化领导权。这启示我们,宣传文化阵地具有传播意识形态和施加文化影响的重要载体功能,是意识形态或文化领导权斗争的前沿阵地,新时代巩固党的文化领导权和建设强大的社会主义意识形态,必须加强传统意识形态阵地的管理,营造风清气正的网络空间,打造国际传播的"航空母舰",在意识形态阵地建设方面努力做到守土有责、守土负责、守土尽责。

6.4.1　加强传统意识形态阵地的管理

意识形态领域的较量和斗争是长期存在的,意识形态阵地我们不去占领,人家就会去占领。在新形势下,意识形态领域阵地的情况比以往任何时候都要复杂,我们要坚持正面宣传的根本要义,发挥主流媒体和宣传文化阵地的积极作用,大力弘扬昂扬向上的社会主流和光明进步的社会本质,大力宣传党领导人民创造美好生活的伟大实践,更好地凝聚人心、汇聚力量;要加强传统意识形态阵地建设,抓住科技日新月异、传媒高度发达的有利契机,主动运用互联网等信息技术改造提升传统意识形态阵地,实现报纸、杂志、电视、广播等传统媒体转型升级;要加强新时代意识形态斗争的形势和特点研究,提升对思想文化引导的规律性认识,创新工作方式方法，灵活采取不同策略形式，让发出正面声音的阵地越来越大、越来越稳固；要切实加强意识形态阵地的管理，制定和完善相关规章制度，依法依规严格管理，不给错误反动思想的传播提供任何平台和渠道；要落实意识形态工作责任制，各级党委（党组）负主体责任，党委（党组）书记是第一责任人，应当旗帜鲜明地站在意识形态工作第一线，带头抓意识形态工作，带头管阵地把导向强队伍，党委（党组）分管领导是直接责任人，协助党委（党组）书记抓好统筹协调指导工作，党委（党组）其他成员按照“一岗双责”要求，抓好分管部门、单位的意识形态工作；要坚持正面宣传为主的原则，形成良好的社会舆论氛围，不是说只能有一个声音、一个调子，而是说不能搬弄是非、颠倒黑白、造谣生事、违法犯罪，不能超越了宪法法律界限；加强阵地建设和管理，要注意区分政治原则问题、思想认识问题、学术观点问题，提高政治敏锐性和意识形态敏感性，分清主流支流，区别各种问题之间的界限，把握分寸、妥善处理。

6.4.2 营造风清气正的网络空间

随着互联网等信息技术的快速发展和移动终端的普及应用，网络空间已经成为信息传播的主渠道，日益成为意识形态建设的主阵地、新阵地。网络阵地，我们自己不去占领，别人就会去占领；先进文化不去占领，各种落后的、低俗的甚至反动的文化就必然去占领，甚至成为敌对势力侵蚀瓦解我们的“桥头堡”。习近平同志指出：“网络空间是亿万民众共同的精神家园。网络空间天朗气清、生态良好，符合人民利益。”[①]因此，我们应及时加强和创新网络意识形态阵地建设，积极开展网络舆论工作，积极营造风清气正的网络空间。

第一，清醒认识网络意识形态的“主阵地”。宣传思想工作是做人的工作的，人在哪儿阵地就应该在哪儿。有报告显示，截至 2017 年 6 月，我国网民规模达到 7.51 亿，互联网普及率为 54.3%，我国手机网民规模达 7.24 亿，网民中使用手机上网的比例由 2016 年底的 95.1% 提升至 96.3%，手机上网比例持续提升。网络游戏用户规模达到 4.22 亿，占整体网民的 56.1%。另外，网络直播用户共 3.43 亿，占网民总体的 45.6%。我国网民以 10～39 岁群体为主，占整体的 72.1%。很多人特别是年轻人基本不看传统主流媒体，大部分信息都从网上获取。网民来自老百姓，老百姓上了网，民意也就上了网。因此，网络已成为宣传思想工作“最大的变量”，网络意识形态阵地是我们必争必守必占的核心阵地。

第二，牢牢把握意识形态的“主动权”。当前，各国政府都非常重视网络安全问题，都有严格的规章制度和审查措施，并从法律、技术、道德等方面加强了对互联网的监管。比如，美国在“9·11”事件后就颁布了《爱国者法》，美国政府又相继出台了《网络空间政策评估》《国家网络安全战略报告》等一系列政策文件，成立了网络安全执行办公室，实行非常严格的网络审查制度和互联网监控措施。德国政府也在强调“为信息公开提供各种保障，使互联网有一个相对宽松环境”的同时，强化了对互联网使用的限制，对危害国家信息安全、大众个人隐私等行为，都会依法进行监管和打击。我们要大力发展互联网技术，积极完善互联网监管法律体系，

① 赵明昊：《习近平主持召开网络安全和信息化工作座谈会强调　在践行新发展理念上先行一步　让互联网更好造福国家和人民》，《人民日报》2016 年 4 月 20 日第 1 版。

综合运用各种手段加强对互联网的监管。

第三,积极唱响网络阵地“主声音”。加强网络阵地建设,必须要坚持“内容为王”,积极做好中国特色社会主义理论研究和网上宣传工作,精准把握群众需求,聚焦时事热点、社会问题和思想潮流,全方位、多角度进行理论分析和阐释;敢于挖掘网络热门话题背后的事实真相,善于提炼理性深刻的思想火花;不断提高重大新闻报道的首发率、覆盖率和转载率,坚持多媒体联动、全媒介跟进,持续发声;积极构筑网上社会主义主流意识形态传播的平台,加强网络道德建设,推进网络文化发展,唱响网上理论宣传的主旋律。

6.4.3　打造国际传播的“航空母舰”

习近平总书记指出:“中华民族经过几代人的努力,逐步解决了挨打、挨饿的问题,但是挨骂的问题还没有解决,我们在国际上的话语权还不强。”“要构建对外话语体系、讲好中国故事,提升国际话语权。”①国际话语权是意识形态话语权重要的构成部分,是党的文化领导权的拓展和延伸。在全球化时代,执政党的意识形态话语权强弱,在很大程度上受到国际话语权强弱的影响。提高国际话语权实际上就是在全球意识形态领域中、在不同的思想舆论的较量中争夺话语权和领导权。因此,我们要加强国际话语权建设,形成融通中外的话语体系,打造国际传播的载体和平台,向世界讲好中国故事、传递好中国声音。

第一,要努力形成融通中外的话语体系。努力构建一套既体

① 赵剑英:《论十八大以来中国共产党意识形态理论创新》,《马克思主义研究》2016 年第 7 期。

现中国文化、具有中国特色,又易于国际社会理解和接受的话语体系,有利于国际社会更好地理解中国特色社会主义道路、理论、制度和文化,有利于中国与世界各国文明互鉴和对话交流。因此,加强对外话语体系建设,不等同于概念对概念的解释,要求要用别人能够体会、能够比较、能够听懂的,有情感、有情节、有温度的话语表达,这样才可能有影响力、吸引力和感染力;要更多反映中国与外部世界的话语共同点、利益交汇点,多贴近外国受众的思维习惯和语言习惯,使中外话语体系更好地相融相通。

第二,打造对外传播的"航空母舰"。现在国际舆论格局总体上是西强我弱,中国在国际舆论斗争中还存在"有理说不出""说了传不开""传开叫不响"的问题。目前全球最大的十大传媒集团,如时代华纳公司、迪士尼公司、维旺迪集团、新闻集团、贝塔斯曼集团、NBC 环球公司、索尼公司等全由西方掌控。为了争得国际事务发言权、话语权,世界上很多发展中国家都在努力打造具有国际影响力的媒体,力求在国际舆论竞争中赢得主动,进而提升本国主导或影响国际事务的能力。2005 年,普京政府斥资 3.5 亿美元组建全数字化俄罗斯电视频道今日俄罗斯(Russia Today,RT),RT 在全球各地共拥有超过 2000 名的员工和雇佣,通过俄语、英语、阿拉伯语和西班牙语 4 种语言进行 24 小时的不间断播放。目前,RT 已经在全球 100 多个国家拥有 6.3 亿观众,拥有全球 28% 的有线电视用户。在美国拥有 8500 万用户群,在英国拥有 200 多万用户群,为俄罗斯海外形象建设发挥了至关重要的作用。我们应该学习借鉴西方国家的发展经验,集中力量做大做强一批重点媒体,努力实现媒体国际传播能力质的飞跃。2016 年 12 月 31 日,中国国际电视台(中文别称中国环球电视网,英文简称 CGTN,英文全称

China Global Television Network）正式开播，中央电视台各外语频道全部合并进入中国环球电视网。2018 年 3 月，中国中央电视台（中国国际电视台）与中央人民广播电台、中国国际广播电台合并组建中央广播电视总台，进一步理顺体制机制，进一步整合各方面力量，使中国对外传播能力显著增强。

第三，讲好中国故事、传播好中国声音。这些年来，面对中国快速崛起，特别是由此所牵动的国际格局的重塑与国际关系的深刻变动，西方世界显然缺乏足够的思想与心理准备。一方面，它们对于中国这样一个非西方的东方国家迈入世界大国俱乐部、将与西方大国平起平坐感到极度“不适”和无奈；另一方面，它们更对于崛起之后的中国的战略走向充满着疑虑和深刻的不信任，害怕中国将来会挑战西方主导国际体系和秩序，担心中国将按照自己的价值观和战略构想去“领导世界”。因此它们加大了对中国进行软遏制的力度。这次中美贸易战，看似是经济贸易之争，背后则是制度之争、意识形态之争、道路之争。改革开放以来，中国创造了举世瞩目的巨大成就，书写了当代最宏大、最精彩、最鲜活的中国故事。向世界讲好中国故事，关键是要化解分歧、增进理解、赢得信任，让“中国特色”成为“世界共性”，让世界更好地理解认同“中国式现代化”。当年美国作家斯诺的《西行漫记》一书曾成功地讲述了一个延安故事，并在全世界产生了巨大的影响。今天，世界上越来越多的人在思考“中国共产党为什么能”的问题，越来越多的人希望通过了解中国共产党来了解中国。但与此同时，世界上关于中国共产党的误解和偏见也始终存在，这一形势决定了我们向世界讲好中国共产党的故事，十分必要也十分紧迫。《习近平谈治国理政》第一卷自 2014 年 9 月出版发行以来，在国内外引起热烈反响。截至 2017 年 11 月,《习近平谈治国理政》第一卷已被译成 24 个语种,24 个版本,全球发行量超过 660 万册,发行到世界 160 多个国家和地区。2017 年 11 月,《习近平谈治国理政》第二卷开始出版发行,目前,中英文版全球发行已突破 1300 万册。[①]《习近平谈治国理政》已经成为改革开放以来在海外最受关注、最具影响力的中国领导人著作,也成为讲好中国故事、中国共产党故事的重要载体。

6.5　打造一支高素质文化干部和知识分子队伍

布哈林和葛兰西把知识分子队伍建设作为夺取和巩固文化领导权的中心环节,是创造无产阶级文化、占领文化宣传阵地、进行意识形态教育的重要力量。在布哈林看来,形成一支质优量多的无产阶级知识分子队伍是战胜资产阶级意识形态、夺取文化领导权的决定性因素,要大力培养无产阶级文化干部,制定正确的知识分子方针,加强同旧职员、旧知识分子的团结和合作,大力推进群众性文化普及,提高广大人民群众的文化素质,源源不断地培养和输送无产阶级的文化干部和知识分子。在葛兰西看来,市民社会是夺取文化领导权的场域,阵地战是夺取文化领导权的策略,无产阶级有机知识分子是实施阵地战策略、占领资产阶级市民社会,进而夺取文化领导权的主体力量。保证无产阶级知识分子的有机性,就要保证无产阶级始终同先进的生产方式相联系,通过无产阶

① 马桂花:《〈习近平谈治国理政〉第二卷全球发行突破 1300 万册》,《人民日报》2018 年 2 月 4 日第 1 版。

级及其政党教育培养形成本阶级的知识分子,大力吸纳其他阶级的知识分子,不断壮大无产阶级有机知识分子队伍。这启示我们,巩固新时代党对文化的领导权,必须打造一支高素质文化干部队伍和知识分子队伍,着眼于突出重点领域和全覆盖的要求,加强宣传思想文化干部、哲学社会科学工作者、文艺工作者和思想政治理论课教师队伍建设,形成一支强大的文化干部队伍和知识分子队伍,为巩固党的文化领导权奠定重要的干部和人才基础。

6.5.1 加强宣传思想文化工作干部队伍建设

做好新时代党的文化领导权建设,关键在人才、在队伍。习近平总书记在 2018 年全国宣传思想工作会议上强调,要不断增强脚力、眼力、脑力、笔力,努力打造一支政治过硬、本领高强、求实创新、能打胜仗的宣传思想工作队伍。这是对新时代宣传思想文化工作干部队伍建设提出的总要求。

第一,落实"四力"要求,要以政治过硬为根本。广大宣传思想文化干部要不断增强"四个意识"、坚定"四个自信",坚持党的领导是最高政治原则,坚定政治立场,把牢政治方向,遵守政治纪律和政治规矩,加强政治历练和政治修养,全面提升政治觉悟和政治能力,坚决做到"两个维护";要带头学习马克思主义及其中国化的理论成果,结合"不忘初心、牢记使命"主题教育活动,把学懂弄通做实习近平新时代中国特色社会主义思想作为首要政治任务,努力掌握这一思想的科学体系、丰富内涵和精神实质,要深入学习贯彻习近平总书记关于宣传思想工作的重要论述,深刻把握新时代宣传思想工作的地位作用、目标任务、职责使命、实践要求,打牢思想根基、筑牢精神支柱,不断提高贯彻落实党中央决策部署的自觉性、主动性;要善于从政治上看问题,增强政治敏锐性和政治鉴别力,把党的政治建设要求贯穿融入宣传思想工作各环节、全过程,落实到具体行动上、体现到实际效果上。

第二,落实"四力"要求,要以本领高强为关键。广大宣传思想文化干部要始终保持本领恐慌、本领不足的危机感,结合工作实际加强学习、刻苦钻研,切实提高专业素养,不断增强政治思维、辩证思维、历史思维、创新思维、底线思维,增强透过现象看本质的本领,把实践作为增长才干的根本途径,坚持在干中学、在学中干,做到学以致用、用以促学、学用相长,不断提高运用科学理论解决实际问题的能力;要按照增强"脚力、眼力、脑力、笔力"的要求,努力在掌握精湛的专业技能上下功夫,着力提高把握正确方向导向的能力、巩固壮大主流思想文化的能力、管理意识形态阵地的能力、开展网上舆论宣传和斗争的能力、处理复杂问题和突发事件的能力,必须高度重视网络意识形态斗争,把更多的时间和精力放在提高建网、用网、治网、管网的能力上,牢牢掌握宣传思想工作的领导权、管理权、主动权。

第三,落实"四力"要求,要以求实创新为重点。广大宣传思想文化干部要深刻把握社会主要矛盾变化,不断深化对新时代宣传思想文化工作的基本特征和发展大势的认识,积极探索社会思潮和群众思想观念演变的内在规律,紧跟时代步伐,不断总结实践经验,切实增强宣传思想文化工作的适应力、引领力、影响力;要强化问题意识、坚持问题导向,积极探寻解决问题的思路办法和战略举措,加强制度机制创新,不断增强宣传思想文化工作的预见性和创造性;要根据我国历史方位发生的深刻变化,科学把握社会不同阶层和群体的思想实际、生活状况、接受习惯、文化传统、现实需求，以提高思想文化内容的原创力为着力点，推动文化高质量发展，更好构筑人民精神家园、充盈群众文化生活。

第四，落实“四力”要求，要以能打胜仗为目标。广大宣传思想文化干部要坚持守土有责、守土负责、守土尽责，树立阵地意识、责任意识，巩固报纸报刊、电视电台等传统宣传文化阵地，占领网络新兴阵地，实现广泛深入覆盖；要在理想信念、价值理念、道德观念上有高目标，树立历史眼光和国际视野，积极抢占意识形态的制高点；要树立大抓基层的鲜明导向，把更多的精力、更丰富的资源投入到基层和一线，加大宣传思想文化干部的培养力度；要树立斗争意识，加强意识形态斗争的统筹谋划，做到未雨绸缪，灵活运用各种战略战术、网络信息技术和新媒体新载体新手段，不断增强敢打必胜的勇气和信心，在涉及道路、理论、制度和文化等根本性问题上，在大是大非面前，要当战士不要当绅士，必须立场坚定、旗帜鲜明、敢于亮剑，勇于冲锋在意识形态斗争的最前沿。

6.5.2 加强哲学社会科学和文艺工作者队伍建设

哲学社会科学是一个时代精神的集中体现，是指引国家文明道路、提升全民族精神气质的重要工具。巩固新时代党的文化领导权，必须要构建中国特色哲学社会科学，而繁荣发展哲学社会科学根本上要靠广大的知识分子。目前，我国哲学社会科学有五路大军，包括高等院校、党校行政学院、军队院校、科研院所、党政部门研究机构的哲学社会科学工作者，我们要把队伍建设作为根本任务，锲而不舍，久久为功，把这支队伍关心好、培养好、使用好，

"让广大哲学社会科学工作者成为先进思想的倡导者、学术研究的开拓者、社会风尚的引领者、党执政的坚定支持者"①。狠抓哲学社会科学人才队伍建设,要坚持马克思主义在哲学社会科学领域的指导地位,引导广大哲学社会科学工作者自觉学习研究马克思主义理论,牢固树立以人民为中心的研究导向,自觉运用马克思主义世界观和方法论分析和解决问题,立足中国实际,树立问题意识,努力推进理论创新;要实施哲学社会科学人才工程,构建包括一批思想家和理论家、学科带头人、中青年学术骨干在内的种类齐全、梯队衔接的哲学社会科学人才体系;要改革完善职称评定和人才遴选制度,建立规范的奖励体系和激励机制,破除"唯分数、唯升学、唯文凭、唯论文,唯帽子"的痼疾,促进优秀人才不断成长、脱颖而出,增强他们的荣誉感、责任感、获得感;要切实尊重劳动、尊重知识、尊重人才、尊重创造,加强优秀人才发掘和使用,把更多的哲学社会科学领域的优秀人才安排在重要岗位上发挥积极作用。

文艺战线是巩固党的文化领导权的重要战线,广大文艺工作者是繁荣发展文艺事业的重要力量。习近平总书记在文艺工作座谈会上明确指出:"繁荣文艺创作、推动文艺创新,必须有大批德艺双馨的文艺名家。要把文艺队伍建设摆在更加突出的重要位置,努力造就一批有影响的各领域文艺领军人物,建设一支宏大的文艺人才队伍。"②因此,广大文艺工作者要坚持以人民为中心的创作导向,坚持文艺为社会主义服务、为人民服务的根本方向,把不断满足人民对精神文化的需求作为文艺工作的出发点和落脚点,为人民抒写、为人民抒情、为人民抒怀,把人民作为文艺审美的鉴赏家

① 习近平:《在哲学社会科学工作座谈会上的讲话》,《人民日报》2016年5月19日第2版。

② 习近平:《在文艺工作座谈会上的讲话》,《人民日报》2015年10月15日第2版。

和评判者；广大文艺工作者要创作无愧于时代的优秀文艺作品，牢记文艺创作这一中心任务，坚守艺术理想，摒弃急功近利和浮躁心态，在努力提高专业素养方面花大力气、下真功夫，把创新精神贯穿文艺创作的观念、手段、内容、形式等生产全过程，遵循文化发展的一般规律，推动观念、内容、风格、流派切磋互鉴，抓好互联网技术和新媒体应用，把最好的精神食粮奉献给人民；广大文艺工作者要勇于承担社会责任，加强自身人格修养，恪守职业道德，在市场经济中要树立正确义利观，坚持社会效益和经济效益相统一，社会效益优先，大力弘扬和践行社会主义核心价值观，高扬爱国主义主旋律，追求真善美的永恒价值，传承和发扬中华优秀传统文化，努力做"德艺双馨"的文艺工作者。

6.5.3 加强思想政治理论课教师队伍建设

思想政治理论课是加强学生思想政治教育的主渠道，广大思想政治理论课教师发挥了不可替代的重要作用。正如习近平总书记所说："办好思想政治理论课关键在教师，关键在发挥教师的积极性、主动性、创造性。思政课教师，要给学生心灵埋下真善美的种子，引导学生扣好人生第一粒扣子。"[①]习近平总书记在学校思政课教师座谈会上提出了政治要强、情怀要深、思维要新、视野要广、自律要严、人格要正等六个方面的要求，这是加强新时代思政课教师队伍建设的重要标准，也是广大思政课教师提升素质和水平的努力方向。"一年之计，莫如树谷；十年之计，莫如树木；终身之计，

① 张烁：《习近平主持召开学校思想政治理论课教师座谈会》，《人民日报》2019 年 3 月 19 日第 1 版。

莫如树人。”我们要认真贯彻落实好习近平总书记提出的六个方面的要求，努力打造一支可信、可敬、可靠，乐为、敢为、有为的高素质思政课教师队伍。

第一，落实政治要强要求，要努力提高政治素质。教育者要先受教育，讲信仰者自己要有信仰。广大思政课教师要认真学习马克思主义及其中国化的理论成果，在真学真懂真信真用上下功夫，带头贯彻落实党中央的路线方针政策，努力提高自己的政治素质。广大思政课教师要坚持立德树人根本任务，善于从政治上看问题，在大是大非面前保持政治清醒，引导学生扣好人生第一粒扣子、把个人理想融入民族复兴伟大梦想，担当起青年学生健康成长指导者和引路人的责任。要严把思政课教师入口关，把政治要强作为考察录用思政课教师的首要条件，拒绝政治不合格的教师上讲台，坚决把政治问题突出且屡教不改者清除出思政课教师队伍。

第二，落实情怀要深要求，要努力培养家国情怀。家国情怀是中华优秀传统文化的基本内涵之一，是连接民族历史与未来的精神纽带，也是坚定执着追逐梦想的精神滋养。广大思政课教师要坚定对马克思主义的信仰、对社会主义、共产主义的信念，忠诚于党和人民的事业，不因现实的复杂而放弃梦想，不因理想的遥远而放弃追求；要继承和发扬以爱国主义为核心的民族精神，热爱祖国的壮丽山河、中华优秀传统文化和勤劳善良的中国人民，坚持国家利益至上，不断增强民族自尊心和自豪感；要强化责任担当，心中始终装着国家、民族和人民，“育才造士，为国之本”，做好教书育人本职工作，坚持立德树人根本任务，为实现中华民族伟大复兴中国梦提供人才支撑，为广大学生树立有信仰、有理想、有担当、有情怀的榜样。

第三，落实思维要新要求，要努力提高业务水平。过去讲，给学生一碗水，教师要有一桶水。在网络信息技术快速发展的今天，学生获得信息的渠道方便快捷，思政课教师没有几把“刷子”不行，业务素质必须过硬。广大思政课教师要树立先进的教育教学理念，熟练掌握先进的教育教学方法，创新课堂教学和实践教学，更加注重学生的学习体验，教授青年学生正确的思想观念和思维方法；要夯实马克思主义理论基本功，处理好教学与科研的关系，始终以教学为根本，以科研为支撑，促进教研相长，实现教研资宣一体化；要严格专业准入门槛，强调专业的人干专业的事，强化马克思主义理论学科建设，更加聚焦马克思主义研究方向，着力解决“挂羊头卖狗肉”“借船出海”“耕了别人的田、荒了自己的地”等突出问题。

第四，落实视野要广要求，要努力开阔视野眼界。广大思政课教师要具备知识视野，不断更新知识体系，优化知识结构，不仅要掌握马克思主义基本原理、思想政治教育学、心理学等必备的学科知识，而且需要熟悉哲学、经济学、历史学、政治学等重要专业知识；要具备国际视野，积极关注时代发展和世界大势，掌握国际知识，积极学习其他国家的文明成果，善于教育引导青年学生正确认识中国特色和国际比较，凸显中国智慧和中国方案对世界的重大贡献；要具备历史视野，树立唯物主义历史观，深刻把握历史线索、历史规律和历史大势，深刻学习研究中国几千年灿烂辉煌的文明史，善于从历史中获得营养、汲取智慧，要深入学习党史、国史、军史，从而更好理解我们选择中国特色社会主义道路的历史必然性。

第五，落实自律要严要求，要努力加强自我修养。“古之学者必严其师，师严然后道尊。”广大思政课教师要加强自我修养，涵养道德品质，注重社会公德、职业道德、家庭美德建设，努力做到以德立身、以德立学、以德施教；要珍惜人民教师的身份和荣誉，严格按照人民教师的标准要求自己，爱岗敬业，树立好人民教师的良好形象；要带头模范遵守国家法律法规和各项规章制度，党员教师要用严于法律的纪律严格要求自己，坚守政治纪律和政治规矩，绝不触碰纪律的底线和法律的红线；要坚持慎独、甚微、慎初，思政课的效果，既在课堂内，也在课堂外，总在潜移默化中影响学生的认知和行为，广大思政课教师要做到课上课下一致、网上网下一致，注重自身的一言一行，用表里如一、知行合一的嘉言懿行传递正能量。

第六，落实人格要正要求，要努力培养高尚人格。亲其师，才能信其道。广大思政课教师要有坚定的政治信仰，具有高度的政治敏锐性、政治鉴别力和政治责任感，理直气壮地讲好思想政治理论课，以自己的高尚的政治人格感染学生，赢得学生的信任和尊重；要以修身为本，在工作中爱岗敬业、严谨治学、严于律己、正派庄重，追求高尚情操、提升道德境界，努力做到言行之一、知行合一，以自己高尚的道德人格传递巨大的正能量；人是有着各种情感的人，对真理的理性的接受，一定是以一定的情感体验和认可为基础的，讲好思政课，绝不是照本宣科，干巴巴地说教，而应当以自己高尚的情感人格，通过充满真情、热情、激情的方式传递真善美，直抵人心灵的深处，使人产生强烈的情感共鸣。

附　　录

葛兰西的文化领导权思想及其当代意蕴[①]

陈　坤　仲　帅

葛兰西是西方马克思主义代表性人物，是意大利共产党的创始人之一，曾任意共中央总书记一职。他在共产国际和意大利进行革命工作，后被反动当局逮捕，被判长期监禁，最后病逝于狱中。在监狱里，葛兰西没有停止对革命前途的思考，写出大量著作，其中《狱中札记》一书包含丰富深刻的思想，在该书中，他提出了著名的无产阶级文化领导权思想，对后世影响很大。认真研究葛兰西文化领导权思想，对我国社会主义文化建设有着重要的理论和现实意义。

一、葛兰西文化领导权思想的主要内容

葛兰西基于革命的实践，着眼于客观现实提出了文化领导权

① 本文刊于《理论探论》2013 年第 4 期。

思想。这一思想主要包括三部分内容：市民社会、东西方革命的不同命运和文化革命的基本战略。市民社会是分析东西方革命的不同命运的重要前提，革命前途是以市民社会为基础而得出的一般结论，文化革命的基本战略是夺取文化领导权的基本方法。

1. 市民社会

市民社会这个概念并不是葛兰西最先使用的，并且在不同的历史时期，市民社会的含义也并不相同。市民社会早期是指城市平民的社会；后来随着资本主义的发展，市民社会的含义逐渐变为资产阶级社会；因为经济因素在社会生活中的作用越来越大，市民社会又指社会的经济关系。但是，葛兰西赋予了市民社会新的内涵：从经济基础中产生后又独立于经济基础，同国家政权等上层建筑并列的文化、伦理、意识形态等领域。葛兰西指出：在东方国家，社会基本上仍然处于落后的农业文明，生产力不发达，市民社会或刚刚萌芽或尚未成熟，整个社会结构是典型的强权加专制，国家就是一切；在西方国家，社会发展到工业文明，经济文化高度发展，市民社会已经成熟，并在社会结构中发挥重要作用。具体来说，资产阶级不但在政治上取得领导权，而且在文化上取得领导权。选举、议会、新闻舆论等被操纵在资产阶级手中，并通过市民社会转化为政权的合法性基础，社会结构不仅仅是强权，还包括同意。葛兰西指出，东西方国家的根本差异在于市民社会的发展程度及其在社会结构中的地位、作用不同。

2. 东西方革命的不同命运

俄国的十月革命的胜利，鼓舞了全世界的无产者。葛兰西也在十月革命的影响下，从社会党的改良主义转变为共产党的革命主义。此后，欧洲国家也效仿俄国开展无产阶级的暴力革命，但是屡屡受挫。为什么东方国家——俄国能够取得革命的胜利，经济文化发展水平较高的西方国家反而失败了呢？葛兰西把目光聚集在东西方国家不同的社会结构上。他写道："在东方，国家就是一切，市民社会处于初生而未成形的状态。"在这样的社会里，进行无产阶级革命，只需通过暴力推翻国家政权，就能取得革命的胜利。"在西方，国家与市民社会之间存在着调整了的相互关系。假使国家开始动摇，市民社会这个坚固的结构立即出面。国家只是前进的堑壕，在它后面有工事和地堡坚固的链条；当然这个或那个国家都是如此，只是程度大小不同。"[①]所以，在西方国家，利用暴力革命的手段直接摧毁国家政权从而实现社会主义是行不通的。正是东西方不同的社会结构，导致了无产阶级的暴力革命在东西方有着不同的命运。

3. 文化革命的基本战略

市民社会在西方社会结构中有着独特作用，是维护国家政权的重要屏障，并被资产阶级牢牢掌握，因此，要想取得社会主义革命的胜利，夺取文化领导权就成为无产阶级的首要任务。为此，葛兰西提出了夺取文化领导权的战略构想：第一，夺取文化领导权是"阵地战"。意识形态领域的争夺不能通过暴力革命的方式，也不能指望搞"运动战"在短时间内取得胜利，只能通过反复较量，打"阵地战"，一点点夺取文化领域的领导权。资产阶级凭借自身在

① 葛兰西：《狱中札记》，人民出版社，1983，第180页。

政治上、经济上的领导权，牢牢占据文化领域的统治地位。无产阶级本身受到剥削和压迫，在文化领域没有话语权，加之自身文化水平较低，夺取文化领域的领导权将是一个长期而艰巨的过程。第二，夺取文化领导权的根本途径是建设先进的党组织和对人民群众进行文化教育。无产阶级政党是工人阶级中有共产主义觉悟的先进分子组成的革命的先锋队。党是革命事业的领导者和组织者，锻造一支先进的无产阶级革命队伍意义重大。因此，要大力培养党内精英人物，培养一大批从人民群众中来又与人民群众密切联系的知识分子，充分发挥党内精英和知识分子在意识形态斗争中的重要作用。人民群众是历史的创造者，是真正的英雄，革命的无穷力量蕴含在人民群众之中。要加强对人民群众的文化教育，提高人民群众的科学文化素质，努力促进广大人民群众知识分子化。人民群众的文化水平和思想觉悟的不断提高，必将动摇资产阶级在文化领域的统治地位。

二、葛兰西文化领导权思想的基本特点

葛兰西的文化领导权思想是基于革命实践和客观实际提出来的，他主张通过培养党的精英人才和加强对人民群众的文化教育来达到夺取文化领导权的目标。他的理论带有鲜明的现实性、实践性和人本性的特点。

1. 赋予市民社会新内涵，体现了理论的现实性

葛兰西提出的市民社会概念，丰富和扩大了原有市民社会的内涵和外延，认为市民社会是从经济关系中产生又独立于经济关

系、与政治社会并列的文化、伦理、意识形态等范畴。这样一来，市民社会则是来源于经济领域的上层建筑，成为夹在经济社会与政治社会之间的中间领域和特殊纽带。这一概念含义的演变并不是突发奇想，而是商品经济的高度发展和工业文明的客观成熟带来的必然结果，是对现实社会发生的变化做出的深刻反映。葛兰西的深刻还在于，他并不像一般人那样，从革命的客观形势、革命的具体条件和革命领袖的个人素质等方面来分析革命的成败，而是指出市民社会在东西方社会结构中的不同的发展程度和地位作用，来说明欧洲革命应采取不同于东方的革命策略，不然西方革命则难逃失败的厄运。这一结论是葛兰西总结现实中的共产主义运动的成败经验得出来的，是对现实的深刻反思和再认识。总之，根据现实情况发生的新变化，及时做出理论概括，赋予原来的理论时代的新内涵，保持理论的与时俱进是葛兰西文化领导权思想的重要特点。

2. 强调夺取文化领导权，表明了理论的实践性

基于对市民社会的新认识，葛兰西提出无产阶级的首要任务是夺取文化或意识形态的领导权。在欧洲革命屡遭失败的形势下，葛兰西看到了西方社会的结构特征，即市民社会的地位和作用。他强调，夺取文化领导权比获得政治领导权更为紧迫、更为重要，这一结论正是针对当时的革命实践活动提出来的。关于如何进行革命实践活动，葛兰西还提出了夺取文化领导权的具体措施和途径，提出了文化革命的基本战略，这些理论思想都是根据革命实践的客观需要而提出来的，又用来指导新的革命实践。葛兰西是西方共产主义运动中为数不多的既是著名理论家，又亲身参与革命实践的领导人,他提出实践哲学的著名观点,强调实践的重要意义,他的理论来源于实践又指导新的实践,带有鲜明的实践性。

3. 提出文化革命的基本战略,彰显了理论的人本性

在文化革命的基本战略方面,葛兰西提出培养党组织的精英人才和对人民群众进行文化教育。他指出,党组织的基本职能“归结起来是培养自己的干部、一定社会集团(作为‘经济’集团发生和发展的)分子,直到他们变成熟练的政治知识分子、领导者、各种形式活动的组织者和整体社会——公民社会和政治社会有组织发展所具有的职能的执行者”①。关于争取人民群众的文化权利,他强调:“要不断地提高人民中越来越广泛的阶层的智力水平,换言之,要赋予群众中无定向分子以个性。这意味着要努力培养出一种新型的知识分子的精英,这种精英直接从群众中产生出来,而且还同群众保持着接触,可以说,变成女服胸衣上的鲸骨制品。”②葛兰西指出,要争取普通群众的文化权利,培养人民群众自己的理论家、思想家和精英人才,关注个人的生存发展对革命事业的积极意义,这表明葛兰西的理论带有人本主义色彩。西方马克思主义普遍认为,传统的马克思主义理论存在着忽视人的存在,造成人的空场等明显缺陷。然而,葛兰西的文化领导权思想,强调人的主体性和能动性,更加关注人本身的发展,彰显了理论的人本性。

---

① 葛兰西:《狱中札记》,人民出版社,1983,第428页。

② 葛兰西:《实践哲学》,重庆出版社,1990,第22页。

三、葛兰西文化领导权思想的当代意蕴

葛兰西的文化领导权思想是对科学社会主义的重大发展，对我国社会主义现代化建设，特别是文化建设有着重要的理论和现实意义。

1. 加强党对意识形态的领导权，巩固党的执政地位

坚持党对意识形态的领导，这是由历史和现实两方面决定的。从历史上说，我们党从成立之日起，就高度重视理论研究和宣传工作，及时向党内外人士和人民群众宣传党的政策主张，赢得了人民群众的理解和支持。可以说，红色政权的取得与党具有的理论优势和宣传优势是分不开的。从现实上说，按照葛兰西的思想，文化革命关系到政权的合法性。当前，意识形态领域的斗争更加尖锐复杂，国际敌对势力向我国输入西方文化思潮和价值观念，进行意识形态的渗透。一些干部群众政治信仰迷茫、理想信念模糊、价值取向扭曲，全党都面临着精神懈怠的危险。因此，历史和现实都要求加强党对意识形态的领导，巩固党的执政地位，保证中国特色社会主义事业的正确发展方向。牢牢掌握意识形态工作领导权，一方面，要加强社会主义核心价值体系的建设和教育。一是不断推进党的指导思想的与时俱进，巩固马克思主义在意识形态领域的指导地位；二是树立社会主义共同理想，筑牢全国各族人民共同团结奋斗的思想基础；三是弘扬以爱国主义为核心的民族精神和以改革创新为核心的时代精神，凝聚中华民族发展壮大的精神力量；四是践行社会主义荣辱观，不断提高全民族的科学文化水平和道

德素质。另一方面,要坚决抵制错误思潮和有害言论。一是坚定不移地贯彻“百花齐放、百家争鸣”的方针,尊重文化发展的差异性和多样性,保障人民群众依法享有文化权利和言论自由;二是对于错误思潮和言论,要善于运用说理和辩论的方法,“真理愈辩愈明”,要敢于揭露和深刻剖析其危害性,旗帜鲜明地反对西方的文化侵略和文化霸权,维护国家文化安全;三是依法管理文化市场和文化事业,促进文化产业健康、规范、有序发展;四是对于西方文化思潮我们必须保持高度警惕,决不允许利用文化从事危害国家安全、颠覆国家政权等违法犯罪活动。

2. 把握社会结构的深刻变化,创新宣传内容和传播方式

改革开放30多年来,我国社会发生了深刻变化。主要表现在以下几点。一是城镇化步伐加快,城镇化率超过50%。2012年,中国社会科学院发布的《城市蓝皮书:中国的城市发展报告NO.5》显示:城镇常住人口在中国历史上首次超过农村常住人口。二是知识分子占全社会的比重越来越大,在国家和社会事务中发挥着举足轻重的作用。三是大量农村剩余劳动力涌向城市,形成了为数众多的农民工群体。四是人民的受教育权利得到切实保障,人民群众的文化水平显著提高。五是文化发展多元化,普通民众的公民意识、权利意识、自主意识显著增强。按照葛兰西市民社会理论,随着商品经济和工业文明的发展,市民社会日渐成熟,文化的重要性日益凸显。根据社会结构的深刻变化,国家应及时调整宣传政策,创新宣传内容和传播方式。在宣传内容上,以正面宣传为主,坚持正确的舆论导向;关注社会热点,积极化解矛盾、消除疑虑;倾听群众呼声,解决人民群众最关心、最直接、最现实的利益问题；加强舆论监督，创造条件让人民批评和监督政府。当前，全党全国正开展以实现中华民族伟大复兴的“中国梦”为主题的宣传教育活动，要深刻阐述“中国梦”提出的现实背景、深刻内涵和重要意义。用“中国梦”引领社会思潮，凝聚社会共识，汇聚起建设中国特色社会主义的强大力量。在传播方式上，党的十八大明确提出：“构建和发展现代传播体系，提高传播能力。”随着信息技术的快速发展，网络等新媒体凭借其传播快捷、信息量大、覆盖面广、吸引力强和成本低廉等优势发挥了不可替代的重要作用。国家要充分利用网络等新媒体，“加强和改进网络内容建设，唱响网上主旋律。加强网络社会管理，推进网络依法规范有序运行”①。

3. 发展社会主义先进文化，丰富人民群众的精神文化生活

葛兰西的文化领导权思想的出发点是实现社会主义，基本方法是不断提高党内精英和人民群众的文化水平，人民群众用以夺取文化领导权的武器是社会主义先进文化。党的十八大提出：“推动社会主义文化大发展大繁荣，兴起社会主义文化建设新高潮”②。大力发展社会主义先进文化，要坚持以下几点原则。一是文化发展的方向性。文化发展要坚持“二为”方向，即为人民服务、为社会主义服务。一方面，要满足人民日益增长的文化需求，不断丰富人民群众的精神文化生活；另一方面，要巩固党在意识形态领域的领导权，保证文化发展和社会主义各项事业的正确前进方向。二是文化发展的多样性。社会结构深刻变化，市民社会日趋成熟，不同

① 胡锦涛：《坚定不移沿着中国特色社会主义道路前进　为全面建成小康社会而奋斗——在中国共产党第十八次全国代表大会上的报告》，《人民日报》2012 年 11 月 18 日第 1 版。

② 胡锦涛：《坚定不移沿着中国特色社会主义道路前进　为全面建成小康社会而奋斗——在中国共产党第十八次全国代表大会上的报告》，《人民日报》2012 年 11 月 18 日第 1 版。

社会阶层的人民群众有着更加多元的文化需求。大力发展社会主义先进文化，不仅要发展政治、哲学、文学等意识形态领域的文化，也要发展饮食、服饰、民俗等日常生活中的文化，总之，社会主义文化是大众的文化，要满足不同阶层、不同性别、不同年龄、不同文化程度的人们的文化需要，使人民群众的精神世界更加充实、文化生活更加丰富多彩。三是文化发展的继承性。任何文化的发展，都不是无源之水、无本之木，都是对本民族传统文化的继承和发扬。我国社会主义文化是民族的文化，彰显着浓郁的中国特色、中国风格和中国气派。要加强对民族优秀文化进行有效的整理、挖掘和继承，弘扬中华文化，建设中华民族共有精神家园。四是文化发展的创造性。文化的生命力不在于因循守旧、故步自封，而是海纳百川、革故鼎新。推进文化创新，增强文化发展活力，一是继承优秀传统文化，赋予其以新的时代内涵；二是吸收外来优秀文化，经过改造、吸收、融合成为中华文化的一部分；三是根据时代特征，结合实践创造出崭新文化。总之，按照全面建成小康社会奋斗目标新要求，全党全国为实现 2020 年文化改革发展这个目标共同努力，不断提高文化建设科学化水平，为把我国建设成为社会主义文化强国打下坚实基础。

布哈林的无产阶级文化领导权思想与当代价值[①]

仲 帅 陈 坤

布哈林在1921年写作的《历史唯物主义理论》一书中，系统提出了意识形态理论，葛兰西在《实践哲学》一书中对此进行了批判。有学者认为，葛兰西“与布哈林学说的批判性对话对他的学说（指文化领导权思想——笔者）的形成起了很大的推动作用”[②]。1923年，布哈林在《无产阶级革命和文化》一文中，阐述了无产阶级文化建设的必要性，讨论了无产阶级的文化原则。1925年，布哈林在《无产阶级和文艺政策问题》一文中，又详细论述了取得无产阶级文化领导权的可能性和现实要求，并提出了取得领导权的具体方法。这些思想内在关联，是一个有机整体，构成了布哈林无产阶级文化领导权理论。当前，我国意识形态斗争形势严峻，布哈林的文化领导权思想对我国意识形态建设有重要的理论和现实意义。

一、取得无产阶级文化领导权的必要性

布哈林指出，苏维埃俄国建立在被敌人包围的特殊的危险境地，国内阶级斗争尚未完全结束，无产阶级虽然掌握了政权，但是，

---

① 本文刊于《常州大学学报（人文社科版）》2014年第4期。

② 邱运华：《意识形态领域的文化中介与形式内涵——布哈林〈历史唯物主义理论〉的文艺问题》，《马克思主义美学研究》2005年第8期。

作为一种文化力量尚未成熟起来,无产阶级专政的巩固和发展,提出了取得无产阶级文化领导权的客观要求。

(一)无产阶级革命的必要耗费和政权蜕化的危险

布哈林指出,无产阶级革命和资产阶级革命相比较,一个重要的不同点是文化问题。在封建社会中,资产阶级可以凭借特殊的经济地位发展自己的文化教育事业,并且可以形成比封建地主阶级更为发达的文化。所以,在资产阶级革命胜利后,资产阶级作为统治阶级可以很容易地掌握和运用国家机器。然而,无产阶级在资本主义社会里,不可能形成比资产阶级更高的文化,那么,当无产阶级取得政权时,由于无产阶级不懂文化或者文化水平不高,在管理国家时不可避免地会犯很多的错误。那些掌握文化的阶级也会消极怠工。由此产生了无产阶级革命的巨大耗费。布哈林指出:"工人革命的这些额外的巨大耗费,将不可避免地成为所有工人革命的特性。"①在无产阶级革命胜利之后,文化上落后的阶级要想维持统治,必须依靠其他阶级和知识分子的力量,由此就出现了复辟的可能性。关键在于,一个文化上落后的阶级不可能长期统治文化上先进的阶级,"经过一段时间,就会发现,这些占据高位、压迫着文化较高的民族的胜利者,被人家从下面削弱了",②这使得无产阶级政权存在蜕化的危险。在这种情况下,布哈林强调建设无产阶级文化的极端重要性。

① 布哈林:《布哈林文选(上册)》,东方出版社,1988,第91页。

② 布哈林:《布哈林文选(上册)》,东方出版社,1988,第963页。

（二）无产阶级专政将是一个长期的历史过程

布哈林在批评托洛茨基关于无产阶级文化问题的观点时提出了无产阶级专政将是一个长期过程的重要观点。托洛茨基对无产阶级的世界革命过于乐观，认为共产主义社会很快就要到来。无产阶级专政只不过是很短暂的过渡时期，现在谈无产阶级文化及其建设没有必要，因为还没有等无产阶级文化建设好，无产阶级连同它的国家都要归于消亡。到那时，要建设的不是带有阶级性质和特点的文化，而是在共产主义社会建设全人类的无阶级差别的共同的文化。布哈林批评了托洛茨基的观点，指出他犯了两个错误：一是他忽略了无产阶级专政的长期性，二是没有看到各国无产阶级革命的不平衡性。他指出，苏维埃俄国的建立正处在被四周的帝国主义包围的特殊境地，许多国家的无产阶级还在为夺取政权进行着艰苦卓绝的革命斗争，这种情况决定了俄国的无产阶级专政将是一个长期的历史过程，他们有足够的时间进行无产阶级文化建设，“以统治阶级的形象和面貌为标准形成起来的文学不可避免地将具有自己的特征”①。

（三）无产阶级尚未成熟到可以独立掌握文化领导权

布哈林指出，在资本主义社会，无产阶级“作为一种有组织的政治力量成熟起来，但绝不是作为一种文化力量成熟起来的”②。无产阶级可以利用各种有利条件，发动暴力革命取得具有历史意义的领导权，但是，面对文学、艺术、教育等意识形态领域，无产阶

① 布哈林：《布哈林文选（上册）》，东方出版社，1988，第 339 页。

② 布哈林：《布哈林文选（上册）》，东方出版社，1988，第 346 页。

级还没有成熟到可以独自掌握领导权。原因在于，一方面，无产阶级受到资产阶级的剥削和压迫，没有发展自己文化所需的经济条件和必要时间；另一方面，资产阶级实行教育和文化垄断政策，使得无产阶级在思想上没有完全摆脱资产阶级意识形态的影响。因此，无产阶级不可能在剥削社会里形成比统治阶级还要发达的文化。这就决定了在革命胜利以后，无产阶级管理文化事务会显得十分笨拙，甚至会做出许多错事来。所以，布哈林指出，无产阶级“正处在虽已取得政权，却尚未成熟到可以掌握文化领导权这样一个时期”①，那么，提出取得文化领导权的任务也就势在必行、顺理成章了。

二、布哈林无产阶级文化领导权的内涵及实现路径

1925 年，布哈林在俄共(布)中央委员会讨论文学问题的会议上明确提出了无产阶级文化领导权。布哈林的文化领导权是指在无产阶级政权建立以后，无产阶级领导国家进行文化建设的能力、影响力和潜在力量。布哈林提出了取得文化领导权的具体方法。

(一)正确对待意识形态领域的“同路人”

“同路人”这一概念是托洛茨基在 1923 年首次提出的，它代指无产阶级作家与资产阶级作家之间的一个作家阶层，布哈林称之为“非无产阶级作家”。布哈林指出，要取得文化领导权，就要正确对待意识形态领域的“同路人”，他反对像对待敌人那样通过阶级

① 布哈林：《布哈林文选(上册)》，东方出版社，1988，第 346 页。

斗争的暴力方式解决意识形态问题，批评那种“既没有丝毫分寸感，还采取了过火的策略”的方法，主张正确对待“同路人”要采用改造和一定时期内和平排挤的方法。“同路人”虽然不是无产阶级的一部分，但也不是阶级敌人，与无产阶级没有不可调和的矛盾，此外，“同路人”是掌握文化的一个作家阶层，在无产阶级作家严重不足的情况下，可以通过改造“同路人”的思想，利用他们在文学上与无产阶级联合，为无产阶级文化事业服务。对于那些不合作甚至搞破坏的知识分子，可以通过和平排挤的方式，从文化领域中“驱逐”。

（二）加强无产阶级的自我教育

布哈林指出，要加强无产阶级的自我教育，首先要克服共产党在文艺政策上的两个缺点，一个是共产党人自大狂，另一个是丧失立场。共产党人自大狂是列宁深恶痛绝的问题，因为无产阶级还没有成熟到可以独自领导文化事业，哪怕是其中的一个部门。有些共产党人却自大到对文化问题指手画脚，不尊重文化发展规律和文化工作者，“这意味着，我们从开步走的时候起便可能把事业毁掉”①。在文化事业上丧失原则和立场，将无法保证文化发展的正确方向，存在把文化发展引入歧途的危险，意识形态的党性和阶级性问题必须引起我们的高度注意，马虎不得。在布哈林看来，“真正的困难在于无产阶级必须转到文学、文化诸多领域，并由此以自己辛勤的工作来赢得他们本身在社会中的领导权”②。因此，自我教育的另一个重要内涵是培养无产阶级的知识分子和文化干

① 布哈林：《布哈林文选（上册）》，东方出版社，1988，第 349 页。

② 罗伊·麦德维杰夫：《布哈林的最后岁月》，世界知识出版社，1988，第 66 页。

部,无产阶级知识分子和文化干部要努力发展无产阶级文化,并用它来教育广大工农群众,提高无产阶级和人民群众的政治觉悟和文化水平,更好地巩固无产阶级专政。

(三)党的一般领导和开展广泛的竞赛

布哈林指出,党对文化的领导是方向、路线和原则的领导,是总的、一般的领导,不是具体的领导。之所以确定这样的文化政策,主要原因有两个。第一,党暂时还不具备实施全面领导的能力。布哈林说:"我们还有一系列东西不懂,而且我确信,在比较长的时间内我们也不可能学会这些东西。"[①]第二,文化发展有其固有规律,要尊重文化工作者,不能违背文化发展规律和对具体业务横加干涉。布哈林强调在文化领域要开辟更广阔的竞赛天地,其原因在于:一是文艺有其特有的形式和风格,只有以竞赛的方式才能促进文艺的不同形式、风格、流派竞相发展;二是文艺发展要推陈出新,创造新的形式和风格,也需要开展广泛的竞赛,竞争是文化创新的基础。布哈林鼓励成立各种文化团体,只要坚持在党的一般路线指引下,"能成立多少文学小组和团体就成立多少吧"[②]。由于布哈林将坚持党的一般领导和开展最广泛的竞赛视为取得文化领导权的重要途径,坚持实行开明的文化政策,20 世纪 20 年代的苏联文化界"各种文化艺术团体蜂起,各种艺术主张并立,各种学派争雄,大有百花齐放、百家争鸣之势"[③]。

---

① 布哈林:《布哈林文选(上册)》,东方出版社,1988,第 349 页。
② 布哈林:《布哈林文选(上册)》,东方出版社,1988,第 351 页。
③ 郑异凡:《布哈林论》,中央编译出版社,2006,第 162 页。

三、布哈林无产阶级文化领导权思想的当代价值

在意识形态斗争复杂尖锐的形势下,“能否牢牢掌握意识形态工作领导权和主导权,已成为有效驾驭意识形态领域、不断提高意识形态工作科学化水平的关键问题”①。布哈林提出的无产阶级文化领导权思想有着特殊的历史背景,取得领导权的方式方法也带有明显的时代印记。但是,布哈林的思想依然有着强烈的现实感,汲取布哈林文化领导权思想的有益成果,对加强我国意识形态建设有所裨益。

(一)树立总体国家安全观,自觉维护国家文化安全

布哈林指出,文化领导权问题关系到国家政权的安全,若不能形成和保持自己的文化并在国家意识形态领域占据统治地位,那么,国家政权就有丧失和蜕化的危险。布哈林在近一个世纪前提出的重要观点,时至今日依然发人深省。我国清末思想家龚自珍在《古史钩沉论二》中说:“灭人之国,必先去其史。”历史典籍是一个民族最为珍贵的文化遗产,这说明,文化与国家兴亡密切相关。美国哈佛大学教授约瑟夫·奈在1990年提出了文化软实力的概念,认为当今世界国与国之间的竞争既包括经济、科技、军事等硬实力,也包括以文化、意识形态吸引力表现出来的软实力,在信息时代,文化软实力的作用将更为凸显。美国著名政治学家萨缪尔·亨廷顿提出了文明冲突论,认为21世纪世界大国的角力,将被文明的竞争和冲突代替。西方学者为文化竞争提供了理论依据,事实上,以美国为首的西方国家在冷战时期就调整了意识形态和

① 郑永廷、任志锋:《社会主义意识形态领导权和主导权研究》,《教学与研究》2013年第7期。

文化战略。之所以发生东欧剧变和苏联解体的悲剧，其原因之一就是这些国家没有守住意识形态阵地。近些年，发生在突尼斯、苏丹、也门等非洲国家的不流血的革命，在某种意义上可以视为西方意识形态战略的延续，西方国家甚至妄图将所谓的茉莉花革命引入中国，它们一刻也没有放弃对我国进行西化的图谋，在国际上与我国争夺话语权，对中国形象进行妖魔化，通过互联网等各种手段进行文化和意识形态的渗透，传播西方的价值观念，这必须引起党和政府的高度警惕。党的十八届三中全会提出："切实维护国家文化安全"，"设立国家安全委员会，完善国家安全体制和国家安全战略，确保国家安全"①。2014 年 4 月 15 日，习近平主席主持召开中央国家安全委员会第一次会议，首次系统提出了总体国家安全观。他指出："必须坚持总体国家安全观，以人民安全为宗旨，以政治安全为根本，以经济安全为基础，以军事、文化、社会安全为保障，以促进国际安全为依托，走出一条中国特色国家安全道路。"②习近平主席的重要讲话，是对文化安全和总体国家安全关系的最新认识和精辟论述，这表明，文化安全是中国特色国家安全道路的重要组成部分；文化安全作为非传统安全，是国家安全体系的重要内容；文化安全对总体国家安全发挥着保障作用。各级领导干部要增强总体国家安全意识，贯彻落实总体国家安全观，必须自觉维护国家文化安全。

（二）不断增强主流意识形态的引导力和包容性

布哈林认为，对于无产阶级来说，取得政权，不等于取得文化领导权。文化领导权的取得，不能通过强制的行政力量。他提出

① 《中共中央关于全面深化改革若干重大问题的决定》，《人民日报》2013 年 11 月 16 日第 2 版。

② 黎明：《习近平主持召开中央国家安全委员会第一次会议　强调坚持总体国家安全观　走中国特色国家安全道路》，《人民日报》2014 年 4 月 16 日第 1 版。

了取得文化领导权的具体方法，一方面要加强无产阶级文化建设，另一方面，还要正确对待意识形态领域的“同路人”，善于利用已有的、其他阶级的文化，服务于无产阶级文化建设。我们的党是在中国执政并将长期执政的党，巩固党的文化领导权，根本之策还是不断增强主流意识形态的引导力和包容性。马克思主义是我国的主流意识形态，是党的指导思想，是立党立国之本。当前，用马克思主义引导社会文化思潮的难度加大，究其原因，最主要的一条是马克思主义的研究宣传跟不上人民群众对意识形态和文化的需要。实际上，中国社会的经济、政治、文化、生态等许多问题，中国的学者特别是马克思主义学者没有及时做出很好的回答，而是由外国的、非马克思主义的学说和观点替我们回答了。在这种情况下，谁能对中国的实际问题做出最深刻的回应，谁就能赢得群众，吸引群众。当前，一些问题的研究流于表面，没有用马克思主义的立场、观点、方法深入到中国社会问题的核心，对一些重大的社会问题没有做出有价值、有力度、有说服力的回应。马克思说：“理论只要说服人，就能掌握群众；而理论只要彻底，就能说服人。所谓彻底，就是抓住事物的根本。”①早在 1979 年 3 月，邓小平就要求马克思主义者研究和解决“我国今天最重要的新情况，最重要的新问题”，并指出，“深入研究中国实现四个现代化所遇到的新情况、新问题，并且做出有重要指导意义的答案，这将是我们思想理论工作者对马克思主义的重大贡献”。② 当代中国的马克思主义者必须研究国家和社会面临的重大现实问题和主要任务，“回避现实中的重大问题，离开了社会实践，就不能真正坚持马克思主义，更不能推动马

① 马克思、恩格斯：《马克思恩格斯选集（第 1 卷）》，人民出版社，1995，第 9 页。

② 邓小平：《邓小平文选（第 2 卷）》，人民出版社，1994，第 179 页。

克思主义研究创新”[1]。当然,不可否认的是,传统文化和外来文化中有许许多多抓住事物根本、反映人民群众根本利益的有益成分,这些文化思潮不仅满足了人民群众对意识形态和文化的需求,而且丰富和繁荣了我国文化市场,与主流意识形态相得益彰、互为补充。我国的主流意识形态要积极主动地吸收一切有益的人类文明成果,无论是传统的中华文明,还是漂洋过海、远道而来的西方文明,马克思主义以其彻底的科学性能够最大限度地包容,将其纳入自己的理论体系中来,使得主流意识形态呈现出异彩纷呈、兼容并蓄的特点和优势。

(三)打造一支政治素质过硬、业务能力精良的宣传干部队伍

布哈林在取得文化领导权的方法中提出无产阶级的自我教育。他指出,要克服共产党人的两个缺点,一是丧失立场,二是自大狂。这对党的宣传干部队伍建设提出了明确要求,一是政治素质过硬,即“要敢说”,二是业务能力精良,即“要会说”。当前,我国意识形态斗争复杂尖锐,亟待打造一支政治素质过硬、业务能力精良的宣传干部队伍。一方面,在意识形态斗争中,出现了一个匪夷所思的现象。只要进行正面宣传,给党和政府点赞,就会遭到一小撮人的口诛笔伐,扣帽子贴标签,群起而攻之,在这种情况下,我们的一些宣传干部却视而不见,我们的一些媒体机构却默不作声,岂非咄咄怪事?出现这种现象,说到底,还是我们的宣传干部立场不坚定,党性观念不强,是一些干部爱惜自己的羽毛,看重自己的“名声”,紧张自己的政治前途,害怕别人说三道四,说长道短。其

① 纪宝成:《有关马克思主义研究创新的几个问题——纪念〈教学与研究〉创刊50周年》,《教学与研究》2003年第5期。

实，这是过于计较个人的利害得失，置党的利益于不顾。我们的宣传干部只有站稳立场，胸怀坦荡，才会底气十足，无惧流言，为党和人民的事业鼓与呼，是无上光荣。习近平总书记指出："宣传思想部门承担着十分重要的职责，必须守土有责、守土负责、守土尽责。宣传思想部门工作要强起来，首先是领导干部要强起来，班子要强起来。"[①]我们各级领导干部要站在意识形态斗争的风口浪尖，靠前指挥，把那些敢于为党和人民发声的干部提拔到宣传工作的重要岗位上来，我们的宣传媒体也要为这样的干部加油鼓劲。另一方面，意识形态斗争尖锐复杂，光有"勇"还不够，还要有"谋"，这里的"谋"就是宣传干部的工作能力。习近平总书记指出，宣传干部要提高工作能力，"要加强学习、加强实践，真正成为让人信服的行家里手。"提高宣传干部的工作能力，一要推动宣传工作走向科学化、专业化、专门化，避免外行领导内行；二是宣传干部要把握新世纪、新阶段意识形态斗争的规律和特点，分析意识形态斗争中的突出矛盾和重大现实问题，不断掌握强大的理论武器；三是广大宣传干部要掌握宣传工作的政策、策略和方式方法，提高网络舆情的监控和宣传能力，提高新媒体技术的开发和运用能力，努力使自己成为符合意识形态斗争新需要的新型宣传干部。

① 倪光辉：《习近平在全国宣传思想工作会议上强调 胸怀大局把握大势着眼大事 努力把宣传思想工作做得更好》，《人民日报》2013 年 8 月 21 日第 1 版。

列宁同布哈林关于无产阶级文化问题的论争及其当代启示①

陈 坤 仲 帅

在20世纪20年代的苏联，由无产阶级文化派引发了一场关于无产阶级文化问题的论争，列宁和布哈林是这场论争的主要当事人。他们在一些问题上有共同点，但也存在分歧。在这场论争中，列宁和布哈林的许多理论观点对推动苏联的文化建设、思想文化战线上方针政策的制定起到过重要作用，对当前我国的文化建设也有着重要的启示意义。

一、关于无产阶级文化内涵问题的论争

什么是无产阶级文化？20世纪20年代的苏联对此看法不尽相同。十月革命前后，在无产阶级文化协会内部形成了以波格丹诺夫为代表的文化派别，他们宣称以创造无产阶级文化为己任，故又称"无产阶级文化派"。他们所理解的无产阶级文化是无产阶级的感觉、经验的总和，这种感觉、经验对于其他阶级是格格不入的。所以，无产阶级文化又是"纯粹的"文化，一种没有"阶级杂质"和"过去残余"的文化②。这种文化可以通过人工的、实验室的方法

① 本文刊于《广西社会科学》2015年第8期。

② 马龙闪：《列宁同"无产阶级文化派"的斗争》，《世界历史》1981年第4期。

创造出来。

列宁不同意无产阶级文化派的观点,认为其“在理论上是错误的、在实践上是有害的”。首先,列宁指出,无产阶级文化派的理论基础——波格丹诺夫的经验主义不符合马克思主义的辩证法和认识论,其本质是小资产阶级的唯心主义。其次,列宁批评无产阶级文化派脱离实践、通过实验室的方法创造无产阶级文化。文化发展要以实践为基础,不能闭门造车,更不能一蹴而就。最后,列宁认为,无产阶级文化“不是特殊的思想,而是马克思主义”,“不是臆造新的无产阶级文化,而是根据马克思主义世界观和无产阶级在其专政时代的生活与斗争条件的观点发扬现有文化的优秀的典范、传统和成果”。[①] 列宁对无产阶级文化内涵的表述十分谨慎,淡化了文化的阶级性,这与十月革命前列宁的论调形成鲜明的反差,有学者解释其原因:一是基于无产阶级的文化生产能力十分低下的现实;二是从理论上看文化的阶级性相较于意识形态更加宽松[②]。此外,一个重要原因是当时苏联最主要的任务是群众性的文化普及,列宁担心臆造无产阶级文化会分散原本就十分有限的文化力量;进一步说,列宁担心创造无产阶级文化的狂热活动会将苏联文化建设引向歧途,因而在定义的表述上淡化其阶级性。

与列宁不同,布哈林是创造无产阶级文化的热情支持者。对于无产阶级文化派,布哈林不支持通过实验室的方法臆造无产阶级文化,在什么是无产阶级文化的问题上,两者虽有分歧,但双方都认同无产阶级文化的阶级性。当列宁对波格丹诺夫提出批评时,布哈林为之辩护道:“波格丹诺夫在这方面说的并不全是坏东

① 郑异凡:《苏联“无产阶级文化派”论争资料》,人民出版社,1980,第 11 页。

② 黄力之:《列宁无产阶级文化理论探析》,《毛泽东邓小平理论研究》2011 年第 4 期。

西——他有一些很正确的好的想法。似乎可以说,有一种反对无政府主义、反对个人主义的集体主义的精神……同正在进攻的革命无产阶级的战斗特征结合起来了。”①这肯定了无产阶级文化派坚持文化创造的无产阶级立场。

二、关于文化遗产继承问题的论争

无产阶级文化派把波格丹诺夫的经验主义运用到文化领域,得出了一条基本观点——拒绝过去一切文化。他们认为,无产阶级的经验和过去一切阶级的经验是完全对立的,因此无产阶级文化不可能同过去时代的文化有任何的继承关系。在 1918 年召开的无产阶级文化协会代表会议上,有代表说,“我们带着无产阶级意识的重担进入新生活;有人还想要我们背上庞大无比的重包袱——资产阶级文化的成果。在这种情况下我们就会像超载的骆驼,无法继续前进了。让我们把资产阶级文化当作无用的废物完全抛弃吧”。②

针对无产阶级文化派鼓吹文化虚无主义,列宁首先严厉地批判其观点的荒谬性。他说:“无产阶级文化并不是从天上掉下来的,也不是那些自命为无产阶级文化专家的人杜撰出来的。如果硬说是这样,那完全是一派胡言。”③他以马克思主义为例,认为马克思主义之所以“赢得了世界历史性的意义”,是因为它“没有抛弃资产阶级时代最宝贵的成就,相反地却吸收和改造了两千年来

---

① 布哈林:《布哈林文选(上册)》,东方出版社,1988,第 40 页。

② 郑异凡:《苏联“无产阶级文化派”论争资料》,人民出版社,1980,第 395 页。

③ 列宁:《列宁选集(第 4 卷)》,人民出版社,1995,第 285 页。

人类思想和文化发展中一切有价值的东西"。[①] 其次,列宁提出学习和利用资本主义的文化遗产。在他看来,无产阶级虽然掌握政权,但还不具有文化生产的能力,一个没有文化生产能力的阶级不可能依靠自己的力量创造优秀文化,因此必须利用旧社会遗留下的文化和知识分子来建设社会主义。但一些人没有注意到列宁这段话的特殊背景和真实意涵,将其当作"证据"指责列宁犯了拿来主义的错误。最后,列宁认为继承人类文化遗产是发展无产阶级文化的一条基本规律。在1920年10月的青年团第三次代表大会上,列宁说,"无产阶级文化应当是人类在资本主义社会、地主社会压迫下创造出来的全部知识合乎规律的发展","只有确切地了解人类全部发展过程中所创造的文化,只有对这种文化加以改造,才能建设无产阶级的文化"。[②]

在对待文化遗产的问题上,布哈林的观点一度同无产阶级文化派很相近,"左"的色彩十分浓厚。1920年10月9日的俄共(布)中央政治局会议上,布哈林在给列宁的便条上表示不同意利用文化遗产的提法,他认为,"'夺取'全部资产阶级文化,正如'夺取'资产阶级国家一样,不摧毁它是不行的……它作为意识形态的体系是在其组成部分的另一种联系上为无产阶级所吸收的"。[③] 但是,经过十年的文化建设实践,布哈林对苏联国情和"左"的思想有了深刻的认识,逐步理解和认同了列宁的观点。在1928年列宁忌辰的纪念会上,针对有人质疑1919年3月列宁在彼得格勒的讲话,布哈林为列宁辩护道:"如果把事情描绘成这样,似乎列宁认为

① 列宁:《列宁选集(第4卷)》,人民出版社,1995,第299页。

② 列宁:《列宁选集(第4卷)》,人民出版社,1995,第85页。

③ 郑异凡:《苏联"无产阶级文化派"论争资料》,人民出版社,1980,第388页。

必须把资产阶级文化完整地、不加触动地简单地搬到我们这儿来，那就是绝对不正确的了。列宁没有这种方针。列宁多次说过，应当借用有益于无产阶级的东西，坚决摒弃一切有害的东西。”布哈林反思自己没有充分认识利用文化遗产的必要性和现实性，对列宁的主张给予了高度评价。他说：“需要回想一下，那时很大一部分工人——并且还有我党党员——不懂得这种必要性，当时需要有列宁这样铁的意志和铁的逻辑，才不至于让‘左的词句’断送正确的革命政策的生动的事业，通过极端复杂曲折的历史道路把无产阶级引出有巨大危险的迷宫。”①

三、关于无产阶级文化创造主体问题的论争

无产阶级文化派认为，无产阶级文化建设的任务只能由无产阶级来完成，这种观点与其创造“纯粹”的无产阶级文化理论是一脉相承的。1922 年，无产阶级文化协会主席普列特涅夫在《真理报》上发表了《在意识形态战线上》一文，他这样写道：“只有靠无产阶级自己的力量，才能解决建设无产阶级文化的任务。无论我们这里从资产阶级阵营来的人有多少，也无论他们当中有多少人‘接受’了阶级观点，这一切终归还是极少数，也许他们是非常可贵的，然而，他们并不具有决定性的意义。”列宁看到这篇文章后，当即在报纸上对文章作了评注。他在“极少数”三个字下划了两道着重线，批注道：“可是农民呢？”质问为何在文化建设领域抛弃农民这个人数众多的同盟军。普列特涅夫又写道：“无产阶级的阶级意

① 布哈林：《布哈林文选（中册）》，东方出版社，1988，第 251 页。

识……对于农民、资产者、知识分子：医生、法学家、工程师是格格不入的，这些知识分子是按照资本主义竞争原则培养出来的。”这明确无误地将知识分子排斥在无产阶级文化建设之外，列宁在“知识分子”四个字下划了条重重的横线，表达了对忽视知识分子的严重关切。普列特涅夫在文中总结道：“建设无产阶级文化的任务只有靠无产阶级自己的力量，靠无产阶级出身的科学家、艺术家、工程师等才能得到解决。”列宁批其是“十足的杜撰”。[①] 随后，列宁把这份报纸寄给《真理报》主编布哈林，责问他为什么要刊登这种“伪造历史唯物主义”的文章，要求编辑部予以批驳，但是没有得到布哈林的支持。雅科夫列夫受列宁的委托撰写了批驳普列特涅夫的文章，布哈林拒绝将其刊登在《真理报》上，直至删减了其中的一些段落才做出让步。

此时布哈林对知识分子的阶级属性缺乏准确认识，在一定程度上认同无产阶级文化派的观点。在 1919 年 10 月完成的《共产主义 ABC》一书中，布哈林把知识分子同资产阶级连在一起，大知识分子同大资产阶级、小知识分子同小资产阶级相对应。他说，“资本家国家同样培养了一批从事愚弄、麻醉和驯化无产阶级的专家，如资产阶级教师和教授、牧师和主教、资产阶级的文人和办报人”，称知识分子是“他们的卫士”“死心塌地为他们服务的奴仆”。[②] 布哈林对知识分子阶级属性的认定，仅着眼于他们的社会作用，忽视了他们同生产资料的联系。这种错误使布哈林对旧知识分子心有疑虑，担心重用知识分子会使无产阶级政权存在蜕化变质的危险。所以，他主张，一方面培养无产阶级的文化干部和知

① 郑异凡：《苏联“无产阶级文化派”论争资料》，人民出版社，1980，第 21 - 24 页。

② 布哈林、普列奥布拉任斯基：《共产主义 ABC》，三联书店，1982，第 30 页。

识分子,另一方面用新干部“逐步地、在日益增长的程度上取代来自旧知识分子和旧职员的干部”。[①] 然而,这样不仅不利于革命统一战线,造成大批知识分子逃亡国外,给国内建设带来重重困难,而且新知识分子的培养和成长就要经历较长的过程,根本无法满足现实的急迫需求。

在1925年的一次讨论会上,布哈林提出一个新观点:从西方国家的发展趋势中可以看出,随着生产力的增长,从事物质劳动的工人人数在减少,与此同时,脑力劳动的种类和从事脑力劳动的人数越来越多,知识分子的人数在所有社会阶层中增长得最快。布哈林称知识分子为“第三阶层”。这虽不是马克思主义著作中的用语,但表明布哈林对知识分子阶级属性的认识发生了有意义的变化。[②] 在此基础上,布哈林纠正了对旧知识分子的偏见,肯定了农民阶级和知识分子在文化建设中的主体地位,重视通过思想改造的方法使资产阶级为我所用,从而消除了同列宁的思想分歧。1925年2月,布哈林发表了《无产阶级和文艺政策问题》的讲话,制定了正确的知识分子方针。一是农民出身的知识分子,要“采取改造这个农民的方针”,“在改造人的问题上,应该有一定的分寸感”。二是对受资产阶级文化影响较小的技术知识分子,采取利用的方针,对幻想走资本主义道路的知识分子,采取“从一定时期起和平排挤的方针”。三是“同路人”,即资产阶级作家和无产阶级作家之间的一个作家阶层,“对他们中的一部分人应该改造”,同他们进行联合,“而对另一部分人则应予‘驱逐’”。四是无产阶级知

① 布哈林:《布哈林文选(上册)》,东方出版社,1988,第98页。

② 郑异凡:《布哈林论》,中央编译出版社,2006,第179页。

识分子要加强教育,克服共产党人自大狂和丧失立场的缺点。[①]

四、关于无产阶级文化领导权问题的论争

无产阶级文化协会曾经作为群众性的文化教育组织发挥过重要作用。波格丹诺夫等马赫主义者加入后,逐步控制了协会,使之成为臆造无产阶级文化的工具。无产阶级文化派要求协会脱离苏维埃政权,成为“独立的”工人组织。实质上,这是觊觎个无产阶级文化的领导权。他们声称“无产阶级文化协会是无产阶级的文化创作的阶级组织,正如工人党是无产阶级的政治组织,工会是无产阶级的经济组织一样”[②],企图把协会变成与党并行的文化组织。他们还宣称,苏维埃政权是“由工人、农民、士兵和哥萨克代表苏维埃所组成的政权”,“绝不是纯粹的无产阶级专政”,“把组织无产阶级的独立的文化创作事业置于农民、军队、哥萨克、城市贫民的思想代表的监督和领导之下,这至少是对工人阶级的文化价值的极大侮辱,是对其文化自决权的否定”。[③]

对于无产阶级文化派的“奇谈怪论”,列宁批判他们不懂得如何处理好无产阶级同其他革命阶级的关系,不懂得巩固工农联盟是关系无产阶级专政和社会主义事业前途命运的根本问题。他亲自给无产阶级文化协会的代表会议起草了一份决议草案,希望通过正确地规定协会的定位和职能,将其拉回到置于党和政府领导之下的正确轨道。列宁是作为政治家看待问题的:无产阶级文化

① 布哈林:《布哈林文选(上册)》,东方出版社,1988,第345-347页。
② 郑异凡:《苏联“无产阶级文化派”论争资料》,人民出版社,1980,第3页。
③ 郑异凡:《苏联“无产阶级文化派”论争资料》,人民出版社,1980,第394页。

协会拥有会员 40 多万，经常参加协会活动的就多达 8 万，地方组织 100 多个，如果独立于俄国共产党和苏维埃政权之外，那将是不可想象的。

在文化领导权的问题上，布哈林是作为理论家进行思考的，在分寸上与列宁有所不同。一方面，他同意列宁的观点，认为无产阶级文化协会必须接受党和政府的领导，反对无产阶级文化协会“脱离政权机关的法律命令而独立的要求”。[①] 另一方面，他不赞同将无产阶级文化协会同教育人民委员部合并，认为协会作为群众文化自治组织，应予以保留，其创造无产阶级文化的职能也有存在的必要。布哈林认为，问题的关键是党对文化实行什么样的领导。文艺发展有其规律和特点，必须给予充分的尊重，不可能用党的文件决议对其做出这样或那样的具体规定。他主张在文化领域“进行一般的领导和开展最广泛的竞赛”[②]。这一开明的文化政策，得到了广大知识分子的热烈欢迎。

五、关于文化普及和文化提高关系问题的论争

无产阶级文化派把精力全部放在无产阶级文化的创造上，企图通过实验室的方法臆造无产阶级的道德、文学、艺术和科学，而对群众性的文化普及没有涉及。对此，列宁认为，在俄国当前的条件下，无产阶级应当学会识字、学会读书，学会饭前洗手等起码的文化，这是最基本的和主要的，而不是“创造无产阶级文化”之类的空话。

① 郑异凡：《布哈林论》，中央编译出版社，2006，第 146 – 147 页。

② 布哈林：《布哈林文选（上册）》，东方出版社，1988，第 352 页。

在1923年2月的一次报告会上，布哈林将列宁同无产阶级文化派的争论归结为文化普及和文化提高的关系问题。一方面，他肯定了列宁观点的合理性，认为文化普及关系到千百万劳动人民，“从各个方面来看，这都是个基本的政治任务”。“我们应当把我们能拨给所谓文化战线的全部经费的很大百分比用来进行这种初等扫盲教育，这是完全正确的。”[①]另一方面，他不同意列宁全盘否定无产阶级文化派的观点和工作，认为这忽视了文化提高的任务。他给出了两点理由：一是不可能一下子把整个无产阶级都变成教授和工程师，只能“先培养一批干部，由他们再培养其他的人，以下类推……逐步把全体人民都训练出来”；二是“如果我们现在只教给所有人学文化，而不培养我们在社会科学方面的教授……那么教课的就不是我们的教授，而是其他的、异己的教授。而他们要教谁呢？教那些中间环节，那些最不成熟的群众。那我们就在这儿把事情搞坏了”。[②]

1928年1月，在列宁忌辰的纪念会上，布哈林又一次提出了文化普及和文化提高的关系问题。一方面，布哈林承认他和列宁的分歧消除了，这不是说布哈林错了，用文化提高去补充文化普及，实现双方良性互动，这在理论上无疑是正确的、必要的。但是，在当时苏联文化极端落后的情况下文化普及工作具有现实的紧迫性，经过多年的观察与实践，布哈林才有所体会，看到了列宁作为政治家的战略眼光。另一方面，布哈林认为当前文化战线的主要任务是文化提高。他给出了两点理由：一是经过十年的文化建设实践，文化普及工作取得了巨大成就，这为文化提高奠定了坚实的

---

① 布哈林：《布哈林文选（上册）》，东方出版社，1988，第102－103页。

② 布哈林：《布哈林文选（上册）》，东方出版社，1988，第104页。

基础；二是苏联在文化方面还处于落后的状况，还没有"为自己建筑起房舍"，在某些领域"还没有建设的草图"，"这经常起很大的消极作用"。[①] 因此，布哈林要求开展文化提高工作的同时，要处理好文化普及和文化提高的关系。

六、对当代中国文化建设的启示

这场关于无产阶级文化的论争，使布尔什维克党内对什么是无产阶级文化、无产阶级文化发展要不要继承文化遗产、无产阶级文化由谁来创造、要不要坚持党对文化的领导以及文化普及和文化提高的关系等理论问题有了清醒的认识，推动了20世纪20年代苏联文化的繁荣，对当代中国文化建设具有启示意义。

第一，坚持发展社会主义先进文化。列宁、布哈林等人关于无产阶级文化问题的论争，其核心点就是坚持什么样的文化方向、推动建设什么样的文化。这个问题关系到一个阶级、政党、国家的前途命运。在历史上，既有无产阶级文化派对苏联社会的严重破坏，也有十年"文革"带给中华民族的深重灾难，这些历史教训必须牢记。在当前形势下，坚持发展社会主义先进文化，就是坚持发展中国特色社会主义文化。中国特色社会主义文化，反映了我国社会主义初级阶段的基本国情，具有鲜明的时代性、浓郁的民族性、实事求是的科学性，已经成为全国各族人民和海内外中华儿女团结奋进、开辟未来的一面旗帜。只要我们高举这面旗帜，就一定会为实现中华民族伟大复兴的中国梦提供强大的精神力量。

① 布哈林：《布哈林文选（中册）》，东方出版社，1988，第250－251页。

第二,继承和发展人类优秀文化。列宁曾反复强调,要学习全人类的文化,认为继承人类文化遗产是文化发展的一条基本规律。习近平总书记指出:“在21世纪的今天,几千年来人类积累的一切理性知识和实践知识依然是人类创造性前进的重要基础。只有不断发掘和利用人类创造的一切优秀思想文化和丰富知识,我们才能更好认识世界、认识社会、认识自己、才能更好开创人类社会的未来。”[①]继承和发展人类优秀文化,一方面要传承和弘扬中华优秀传统文化,坚持扬弃继承、古为今用的原则,结合新的时代条件赋予传统文化新的内涵和生命力。另一方面要学习借鉴世界其他民族的优秀文化。只有坚持洋为中用,做到中西合璧、融会贯通,我国文化事业才能更好地发展繁荣起来。

第三,尊重人民群众的文化主体地位。“人民是历史的创造者”,这是历史唯物主义的一个基本观点。人民群众不仅创造了社会的物质精神财富,而且凭借历史的主体地位和首创精神,当之无愧地成为文化的主人。扎根生活、扎根人民才是文化发展的一条基本规律。尊重人民群众的文化主体地位,就要从人民群众的伟大实践和丰富多彩的生活中汲取营养、积累素材;要让人民群众成为文化舞台的主角,激发他们文化创造的活力,反对文化创造上的关门主义;要把人民群众当作文化作品的评判者和鉴赏家,把满足人民群众的精神文化需求作为文化发展的动力和目标。

第四,坚持和巩固党对文化的领导权。只有坚持党对文化的领导,才能保证文化发展的正确方向,才能更好地促进我国文化事业的繁荣发展。20世纪20年代,苏联文化的繁荣发展,离不开布

① 习近平:《在纪念孔子诞辰2565周年国际学术研讨会暨国际儒学联合会第五届会员大会开幕会上的讲话》,《人民日报》2014年9月25日第2版。

尔什维克党对文化的正确领导;20 世纪 90 年代,苏联解体的历史悲剧,也与苏共放弃意识形态的领导权密不可分。当前,加强党对文化的领导,要求改善党的领导,要注重研究文化发展的规律和特点,营造有利于文化发展的良好环境,实现党对文化的科学领导;要保证党在文化发展的宏观领域和关键环节发挥作用,促进不同文化团体、流派切磋互鉴,实现党对文化的民主领导;要加强文化立法工作,完善文化法制体系,加强对文化执法的监督检查,将各种文化活动纳入法治化轨道,实现党对文化的依法领导。

第五,处理好文化普及和文化提高的关系。“文化普及”和“文化提高”属于历史范畴,在不同时期有不同的含义或存在形态。结合当前中国的实际,文化普及是指发展大众文化,文化提高是指发展先进文化,处理好文化普及和文化提高的关系,就是实现先进文化和大众文化的均衡协调发展。在方向上,要遵循先进文化的前进方向,以先进文化引领大众文化健康发展;在内容上,既要将先进文化不断注入大众文化之中,又要对大众文化不断进行提炼加工,将之转化为先进文化,实现两者相互补充、相得益彰;在管理上,科学制定文化发展战略和政策方针,培育形成规范有序的文化市场,实现宏观调控和市场调节的有机结合。

参考文献

[1]马克思,恩格斯.马克思恩格斯选集[M].3版.中央编译局,编译.北京:人民出版社,2012.

[2]马克思.资本论[M].中央编译局,编译.北京:人民出版社,2004.

[3]列宁.列宁选集[M].3版.中央编译局,编译.北京:人民出版社,2013.

[4]斯大林.斯大林选集[M].中共中央马克思恩格斯列宁斯大林著作编译局,编译.北京:人民出版社,1979.

[5]毛泽东.毛泽东选集[M].2版.北京:人民出版社,1991.

[6]邓小平.邓小平文选[M].2版.北京:人民出版社,2012.

[7]江泽民.江泽民文选[M].北京:人民出版社,2006.

[8]习近平.习近平谈治国理政[M].北京:外文出版社,2014.

[9]习近平.之江新语[M].杭州:浙江人民出版社,2007.

[10]布哈林.布哈林文选[M].中共中央马克思恩格斯列宁斯大林著作编译局,编译.北京:东方出版社,1988.

[11]布哈林.布哈林文选[M].郑异凡,编.北京:人民出版社,2014.

[12]布哈林.布哈林言论[M].《机会主义、修正主义资料选编》编译组,编译.北京:三联书店,1976.

[13]布哈林.过渡时期经济学[M].余大章,郑异凡,译.北京:

三联书店,1981.

[14]布哈林,普列奥布拉任斯基. 共产主义 ABC[M]. 王家华,译. 北京:三联书店,1982.

[15]布哈林. 历史唯物主义理论:马克思主义社会学通俗教材[M]. 李光谟,译. 北京:人民出版社,1983.

[16]茹拉普列夫. 布哈林——人,政治家,学者[M]. 尤开元,宋洪训,钱亚彬,译. 北京:东方出版社,1992.

[17]麦德维杰夫. 布哈林的最后岁月[M]. 段稚荃,张敦厚,译. 北京:世界知识出版社,1988.

[18]陆南泉. 苏联真相——对 101 个重要问题的思考[M]. 北京:新华出版社,2010.

[19]李鉴修. 文化软实力与对外宣传[M]. 北京:光明日报出版社,2013.

[20]龙耀宏. 民族文化与文化软实力[M]. 北京:民族出版社,2011.

[21]范军. 文化软实力"力"从何来[M]. 武汉:湖北人民出版社,2012.

[22]范玉传. 布哈林传[M]. 北京:华夏出版社,1987.

[23]科恩. 布哈林政治传记[M]. 徐葵,倪孝铨,徐湘霞,译. 北京:东方出版社,1988.

[24]苏绍智,韩佳辰,林英,等. 布哈林思想研究(译文集)[M]. 北京:人民出版社,1983.

[25]苏绍智,韩佳辰,林英,等. 世界评布哈林[M]. 北京:东方出版社,1983.

[26]童世骏. 文化软实力[M]. 重庆:重庆出版社,2008.

[27]闻一,叶书宗. 布哈林传[M]. 长春:吉林教育出版社,1988.

[28]艺衡. 文化主权与国家文化软实力[M]. 北京:社会科学文献出版社,2009.

[29]赵郇方. 布哈林思想评传[M]. 长春:东北师范大学出版社,1993.

[30]张国祚. 中国文化软实力发展报告 2012[M]. 北京:北京大学出版社,2013.

[31]张国祚. 中国文化软实力发展报告 2013[M]. 北京:北京大学出版社,2014.

[32]张国祚. 中国文化软实力发展报告 2014[M]. 北京:北京大学出版社,2015.

[33]中共中央文献研究室. 十六大以来重要文献选编:上[M]. 北京:中央文献出版社,2005.

[34]中共中央文献研究室. 十六大以来重要文献选编:中[M]. 北京:中央文献出版社,2006.

[35]中共中央文献研究室. 十六大以来重要文献选编:下[M]. 北京:中央文献出版社,2008.

[36]中共中央文献研究室. 十七大以来重要文献选编:上[M]. 北京:中央文献出版社,2009.

[37]中共中央文献研究室. 十七大以来重要文献选编:中[M]. 北京:中央文献出版社,2011.

[38]中共中央文献研究室. 十七大以来重要文献选编:下[M]. 北京:中央文献出版社,2013.

[39]中共中央文献研究室. 十八大以来重要文献选编:上[M]. 北京:中央文献出版社,2014.

[40]中共中央宣传部. 习近平总书记系列重要讲话读本[M]. 北京:人民出版社,2014.

[41]任延黎. 革命与改革中的布哈林[G]. 哈尔滨:黑龙江教

育出版社,1988.

[42]张伟垣,许林森. 被玷污的岁月——布哈林与布哈林问题[M]. 北京:世界知识出版社,1989.

[43]郑异凡. 布哈林论[M]. 2 版. 北京:中央编译出版社,2006.

[44]郑异凡. 苏联“无产阶级文化派”论争资料[M]. 北京:人民出版社,1980.

[45]郑异凡. “拉普”资料汇编[M]. 北京:中国社会出版社,1981.

[46]郑异凡. 新经济政策的俄国[M]. 北京:人民出版社,2013.

[47]郑异凡,殷叙彝. 布哈林问题国际学术讨论会论文集[G]. 哈尔滨:黑龙江人民出版社,1993.

[48]郑言实. 斯大林反对托洛茨基主义和布哈林主义的斗争[M]. 北京:人民出版社,1987.

[49]仰海峰. 实践哲学与霸权:当代语境中的葛兰西哲学[M]. 北京:北京大学出版社,2009.

[50]叶慧珍. 葛兰西文化领导权思想及其话语路径研究[M]. 北京:社会科学出版社,2016.

[51]张岱年,方克立. 中国文化概论[M]. 北京:北京师范大学出版社,2004.

[52]葛兰西. 狱中札记[M]. 北京:中国社会科学出版社,2000.

[53]葛兰西. 葛兰西文选[M]. 中共中央编译局,译. 北京:人民出版社,1992.

[54]孙兴. 文化霸权理论研究[M]. 北京:社会科学文献出版社,2004.

[55]孟登迎. 意识形态与主体建构[M]. 北京:中国社会科学出版社,2002.

[56]麦克莱伦. 马克思以后的马克思主义[M]. 北京:中国人民大学出版社,2004.

[57]马斯泰罗内. 一个未完成的政治思索:葛兰西的《狱中札记》[M]. 北京:社会科学文献出版社,2001.

[58]拉林娜. 难忘的往事[J]. 陆琰,摘译. 俄罗斯文艺,1989(4):16-20.

[59]布哈林. 当代文化的基本问题[J]. 戴隆斌,摘译. 当代世界与社会主义,1989(2):63-68.

[60]布哈林. 当代文化的基本问题[J]. 戴隆斌,摘译. 当代世界与社会主义,1989(3):58-60.

[61]布哈林. 俄罗斯知识分子的命运[J]. 黄登学,译. 当代世界社会主义,2004(3):30-37.

[62]布哈林. 列宁的政治遗嘱——布哈林在悼念列宁逝世五周年晚会上的报告[J]. 官希瑗,译. 中共福建省委党校学报,1988(9):53-59.

[63]布哈林. 尼·伊·布哈林的书信[J]. 于洪君,译. 世界经济与政治论坛,1989(7):37-42.

[64]布哈林,加米涅夫. 布哈林和加米涅夫会谈纪要(摘录)[J]. 严伦,摘译. 当代世界与社会主义,1981(S2):90-91.

[65]蔡伟. 论斯大林的思想文化模式[J]. 当代世界社会主义问题,1994(4):71-77.

[66]拉林娜. 无法忘却的记忆(一)[J]. 晓风,译. 国际展望,1989(16):23-26.

[67]拉林娜. 无法忘却的记忆(二)[J]. 晓风,译. 国际展望,1989(17):28-31.

[68]拉林娜.无法忘却的记忆(三)[J].晓风,译.国际展望,1989(18):28-31.

[69]拉林娜.无法忘却的记忆(四)[J].晓风,译.国际展望,1989(19):30-33.

[70]拉林娜.无法忘却的记忆(五)[J].晓风,译.国际展望,1989(20):28-31.

[71]拉林娜.无法忘却的记忆(六)[J].晓风,译.国际展望,1989(21):29-31.

[72]拉林娜.无法忘却的记忆(七)[J].晓风,译.国际展望,1989(22):29-31.

[73]拉林娜.无法忘却的记忆(八)[J].晓风,译.国际展望,1989(23):28-31.

[74]阿勃拉莫夫,科勃泽娃.布哈林与20—30年代的社会思想[J].雷哲,译.哲学译丛,1990(3):75-77.

[75]马列茨基.《苏联大百科全书》第一版:“布哈林”条[J].杨莲,译.当代世界与社会主义,1981(S2):206-222.

[76]曹英伟,付瑞琪.文化革命:列宁社会主义建设战略构想的基础和核心[J].辽宁师范大学学报(社会科学版),2013(2):152-158.

[77]范玉传.重读布哈林[J].理论视野,2008(7):49-52.

[78]郭国祥.列宁建设无产阶级先进文化思想探析[J].武汉理工大学学报(社会科学版),2006(6):895-900.

[79]郭国祥,朱雄波.马克思恩格斯无产阶级先进文化思想探析[J].理论月刊,2007(10):22-24.

[80]谷少杰.试论无产阶级文化领导权理论及其当代启示——从马克思恩格斯、列宁到葛兰西[J].天府新论,2012(2):114-118.

[81]胡芳.国内马克思文化理论研究述评[J].贵州社会科学,2013(2):17-19.

[82]黄力之.列宁无产阶级文化理论探析[J].毛泽东邓小平理论研究,2011(5):62-66.

[83]黄力之.资本主义文化矛盾理论与马克思的文化思想及其延伸[J].中国社会科学,2012(4):23-45.

[84]李春隆.布哈林与俄共(布)《关于党在文学方面的政策的决议》[J].吉林大学社会科学学报,1997(6):57-61.

[85]李国宏.列宁文化革命概念辨析[J].东北亚论坛,2007(6):123-126.

[86]李素霞,李延江.马克思文化观的方法论意义[J].当代世界与社会主义,2013(4):32-35.

[87]林勋建.二十年代末联共(布)党内关于国内政策若干问题的争论[J].世界政治资料,1982(3):19-28.

[88]李准,丁振海.继承和借鉴在无产阶级文化建设中的作用——马克思主义的批判继承和借鉴学说初探之一[J].学习与探索,1983(5):111-115.

[89]罗泽荣,龙佳解.论列宁对"无产阶级文化派"的批判及对当代中国的意义[J].中南大学学报(社会科学版),2013(4):118-122.

[90]刘克明.苏共的文化专制主义及其历史教训[J].俄罗斯研究,2001(4):35-41.

[91]刘阳.斯大林时期书刊检查制度及其影响[J].西伯利亚研究,2013(4):83-87.

[92]麦克利兰.乌托邦主义还是革命英雄主义——关于无产阶级文化的辩论[J].戴侃,译.国外社会科学,1982(2):33-38.

[93]毕加特.布哈林和"无产阶级文化"辩论的由来[J].刘承

宽,饶崇阳,摘译. 安徽省委党校学报,1989(2):100－105.

[94]牟成文. 论马克思文化观的本质[J]. 社会科学研究,2013(6):44－47.

[95]马龙闪. 布哈林的无产阶级文化论与列宁的文化革命思想[J]. 俄罗斯中亚东欧研究,1984(6):61－69.

[96]马龙闪. 布哈林与俄共(布)1925 年文学政策的决议[J]. 世界历史,1990(1):61－71.

[97]马龙闪. 联共(布)党史文化是怎样形成的[J]. 炎黄春秋,2012(11):84－92.

[98]马龙闪. 列宁同"无产阶级文化派"的斗争[J]. 世界文学,1981(4):3－13.

[99]马龙闪. 苏联 30 年代的"大批判"与联共(布)政党文化的形成[J]. 俄罗斯学刊,2013(1):68－78.

[100]马龙闪. 苏联意识形态的"大转变"与斯大林思想文化领导体制的形成[J]. 俄罗斯中亚东欧研究,1990(4):15－22.

[101]马龙闪. 一篇诞生不久即被抛弃的重要马克思主义文献——从个案解剖看苏联文化发展的经验教训[J]. 探索与争鸣,2012(11):67－71.

[102]潘宁,吴浪菊. 马克思文化思想探源[J]. 教学与研究,2013(7):26－33.

[103]邱运华. 意识形态领域的文化中介与形式内涵——布哈林《历史唯物主义理论》的文艺问题[J]. 马克思主义美学研究,2005(1):183－193.

[104]邱运华. "无产阶级文化"作为一个问题——布哈林的文化理论和葛兰西对它的批评[J]. 湘潭大学学报(哲学社会科学版),2005(3):90－96.

[105]任思明. 布哈林的文学艺术活动[J]. 苏联研究,1991

(3):58-60.

[106]宋洪训.布哈林和苏联社会主义建设[J].当代世界与社会主义,1981(S2):1-36.

[107]史少博.试论马克思和恩格斯的文化视阈[J].理论学刊,2013(6):4-7.

[108]苏绍智.对布哈林的再评价——写在布哈林被平反之际[J].马克思主义研究,1988(2):95-114.

[109]许国林.20年来布哈林问题研究述要[J].洛阳大学学报,2000(3):31-34.

[110]王进芬.论列宁"问题只在于无产阶级及其先锋队的文化力量"的东方视角[J].南昌大学学报(人文社会科学版),2011(5):8-12.

[111]王俊祥.布哈林几个理论问题的再认识[J].北华大学学报(社会科学版),1989(1):19-21.

[112]王颂.列宁文化思想体系下的无产阶级文化[J].学习月刊,2013(18):10-12.

[113]汪太理.论布哈林的文化思想[J].湖湘论坛,1990(1):86-89.

[114]王文东.布哈林的道德理论及其意义初探[J].中共南京市委党校学报,2012(1):14-19.

[115]汪义诚,汪毓清,陈为汉.布哈林关于防止无产阶级国家蜕化的思想[J].俄罗斯中亚东欧研究研究,1982(2):11-16.

[116]闻一.布哈林晚年的科技理论[J].世界历史,1991(6):68-78.

[117]杨斌.马克思主义观视域下的先进文化建设[J].前沿,2013(11):179-182.

[118]哈丁.苏维埃实验:权力的意识形态[J].赵士发,译.马

克思主义哲学研究,2002(10):61－73.

[119]俞良早.论列宁和俄共(布)发展先进文化的尝试[J].南京师大学报(社会科学版),2003(2):6－13.

[120]俞敏.列宁关于怎样认识和学习无产阶级文化的思想理论及其启示[J].湖北行政学院学报,2010(5):40－44.

[121]于友.布哈林——杰出的新闻记者[J].国际新闻界,1988(4):3－7.

[122]张传民.马克思、恩格斯的文化发展观及其当代价值[J].江西社会科学,2013(3):20－24.

[123]张茂泽.论马克思的文化观[J].理论导刊,2012(8):61－65.

[124]张森林.苏联早期政治建设中的另一条道路——关于布哈林的政治建设思想[J].外国问题研究,1997(2):38－42.

[125]张文.列宁"文化革命"思想试探[J].中央党校学报,2007(1):95－99.

[126]张晓慧.苏联各个时期对布哈林的评价[J].国际研究参考,1988(11):10－14.

[127]曾晓娟,宋兆杰.布哈林院士:苏联早期的科学活动家[J].自然辩证法研究,2009(2):87－91.

[128]张明雯.布哈林与苏联科学史[J].自然辩证法研究,2008(4):59－63.

[129]郑异凡.《格拉纳特百科辞典》:布哈林自传[J].当代世界与社会主义,1981(S2):201－205.

[130]郑异凡.苏联建国初期关于无产阶级文化问题的论争[J].当代世界与社会主义,1981(1):155－191.

[131]郑异凡.苏联知识分子问题和布哈林的"奇谈怪论"[J].当代世界社会主义问题,1997(2):51－58.

[132]朱宗友,李科.列宁文化建设思想及其启示[J].当代世界与社会主义,2013(3):50-54.

[133]张建华.本期观点:苏联政治与政治文化的国际激荡[J].俄罗斯学刊,2013(5):7-8.

[134]张建华.红色领袖列宁　布哈林　斯大林——对"文化革命"和苏维埃文化的理解与阐释[J].俄罗斯学刊,2011(1):54-65.

[135]田时纲."egemonia"是"领导权"还是"霸权"——葛兰西政治理论的核心范畴[J].教学与研究,2007(8):84-87.

[136]陈燕谷.Hegemony(霸权/领导权)[J].读书,1995(2):116-118.

[137]潘西华,赵军.从"政治领导权"到"文化领导权"——列宁与葛兰西无产阶级领导权思想的比较[J].科学社会主义,2009(6):148-151.

[138]刘莘.葛兰西:文化领导权及其诠释[J].探索,2007(2):145-149.

[139]仰海峰.为何重读葛兰西[J].中国图书评论,2008(1):102-106.

[140]孙晶.葛兰西的文化霸权理论及其质疑[J].马克思主义与现实,2001(1):80-85.

[141]周兴杰.葛兰西"市民社会"的三重意指与"霸权"的丰富内涵[J].马克思主义研究,2010(7):62-68.

[142]单提平.葛兰西的市民社会思想及当代意义[J].山东大学学报(哲学社会科学版),2010(3):109-114.

[143]武俊斌.葛兰西市民社会理论评析[J].理论月刊,2009(10):54-57.

[144]李佃来.葛兰西与当代市民社会理论传统[J].学术月刊,2004(1):51-59.

[145]徐强.论葛兰西的市民社会思想[J].南京社会科学,2008(2):20-25.

[146]王雨辰.略论葛兰西的市民社会与文化领导权理论[J].广西大学学报(哲学社会科学版),2001(3):33-38.

[147]徐步华.20世纪"市民社会"概念的三次重要转变:葛兰西、柯亨和阿拉托、哈贝马斯[J].世界哲学,2019(3):24-34.

[148]梁树发.葛兰西的实践哲学体系——一种关于葛兰西的马克思主义观的新的观察角[J].浙江学刊,2004(6):5-12.

[149]毛韵泽.论葛兰西的"阵地战"理论今日面临的挑战[J].国外社会科学,1991(10):12-16.

[150]赵根成,张怀民.文化领导权下的"阵地战"——试论葛兰西理论教育思想的理论与实践[J].河南工业大学学报(社会科学版),2016(3):38-43.

[151]孙晶.葛兰西的文化霸权理论及其质疑[J].马克思主义与现实,2001(1):80-85.

[152]仰海峰.葛兰西论知识分子与霸权的建构[J].吉林大学社会科学学报,2006(6):90-97.

[153]陶文昭.葛兰西的知识分子理论及意义[J].马克思主义研究,1998(4):92-95.

[154]余一凡,赵冶.葛兰西有机知识分子概念新探[J].理论月刊,2016(2):25-29.

[155]夏群友,虢美妮.论葛兰西的知识分子理论[J].云南社会科学,2008(3):45-48.

[156]饶翔. 知识分子与文化领导权——葛兰西的文化思想探要[J]. 兰州学刊,2009(1):138－141.

[157]潘西华. 国内外葛兰西思想研究的回顾与展望[J]. 新视野,2017(4):39－43.

[158]仰海峰. 葛兰西研究七十年:回顾与反思[J]. 河北学刊,2009(3):22－27.

[159]潘西华,赵军. 从"政治领导权"到"文化领导权"——列宁与葛兰西无产阶级领导权思想的比较[J]. 科学社会主义,2009(6):148－151.

[160]刘莘. 葛兰西:文化领导权及其诠释[J]. 探索,2007(2):145－149.

[161]利果里. 十年间(1978—1987)意大利对葛兰西的研究[J]. 吕裕阁,译. 理论前沿,1989(77):10－12.

[162]迪马乔."对领导权的误读":法共对葛兰西思想的接受[J]. 苏林,译. 马克思主义与现实,2019(3):126－133.

[163]豪格. 从马克思到葛兰西,从葛兰西到马克思——历史唯物主义与实践哲学[J]. 阮航,万健琳,译. 德国哲学,2017(1):95－109.

[164]乌尔比诺蒂. 葛兰西的从属和霸权理论[J]. 李世书,编译. 马克思主义与现实,2005(5):40－44.

[165]卡列拉. 葛兰西和法律[J]. 吕臣重,摘译. 国外社会科学,1980(5):32－36.

[166]勃格斯. 葛兰西和欧洲共产主义[J]. 刘铭昌,摘译. 国外社会科学,1981(2):23－28.

[167]博尔汀. 葛兰西知识分子思想的再审视[J]. 潘西华,译.

教学与研究,2009(5):59 - 65.

[168]胡锦涛.坚定不移沿着中国特色社会主义道路前进 为全面建成小康社会而奋斗——在中国共产党第十八次全国代表大会上的报告[N].人民日报,2012 - 11 - 18(2).

[169]佚名.李克强总理答中外记者问[N].人民日报,2014 - 3 - 14(1).

[170]佚名.深入学习宣传党的十八届四中全会精神 为全面推进依法治国营造良好的思想舆论氛围[N].人民日报,2014 - 10 - 26(1).

[171]刘云山.学习全国道德模范 加强公民道德建设[N].人民日报,2013 - 9 - 28(2).

[172]佚名.全国宣传部长会议在京召开 刘云山出席会议并讲话[N].人民日报,2014 - 1 - 4(1).

[173]佚名.把培育和弘扬社会主义核心价值观作为凝魂聚气强基固本的基础工程[N].人民日报,2014 - 2 - 26(1).

[174]习近平.关于《中共中央关于全面深化改革若干重大问题的决定》的说明[N].人民日报,2013 - 11 - 16(1).

[175]黎明.习近平主持召开中央国家安全委员会第一次会议 坚持总体国家安全观 走中国特色国家安全道路[N].人民日报,2014 - 4 - 16(1).

[176]佚名.建设社会主义文化强国 着力提高国家文化软实力[N].人民日报,2014 - 1 - 1(1).

[177]习近平.青年要自觉践行社会主义核心价值观——在北京大学师生座谈会上的讲话[N].人民日报,2014 - 5 - 5(2).

[178]佚名.深入学习宣传道德模范活动 为实现中国梦凝聚

有力道德支撑[N]. 人民日报,2013 -9 -27(1).

[179]习近平. 在第二届世界互联网大会开幕式上的讲话[N]. 人民日报,2015 -12 -17(2).

[180]习近平. 在纪念孔子诞辰2565周年国际学术研讨会暨国际儒学联合会第五届会员大会开幕会上的讲话[N]. 人民日报,2014 -9 -25(2).

[181]佚名. 总体布局统筹各方创新发展　努力把我国建设成为网络强国[N]. 人民日报,2014 -2 -28(1).

[182]习近平. 在文艺工作座谈会上的讲话[N]. 人民日报,2015 -10 -15(2).

[183]习近平. 在中国科学院第十七次院士大会、中国工程院第十二次院士大会上的讲话[N]. 人民日报,2014 -6 -10(2).

[184]佚名. 中共中央关于深化文化体制改革推动社会主义文化大发展大繁荣若干问题的决定[N]. 人民日报,2011 -10 -26(1).

[185]佚名. 中共中央关于全面深化改革若干重大问题的决定[N]. 人民日报,2013 -11 -16(1).

[186]和磊. 葛兰西的领导权与文化研究[D]. 北京:首都师范大学,2005.

[187]刘莉. 马克思主义与后殖民理论视域——以葛兰西为切入点的考察[D]. 广州:华南师范大学,2005.

[188]董朝霞. 布哈林社会历史观思想的成就与缺陷[D]. 开封:河南大学,2011.

[189]胡海波. 马克思恩格斯文化观研究[D]. 长春:东北师范大学,2010.

[190]韩丽彦.论提高我国文化软实力[D].北京:中共中央党校,2013.

[191]李国宏.列宁斯大林文化革命思想与实践研究[D].长春:吉林大学,2008.

[192]李鉴修.文化软实力与党的对外宣传工作研究[D].北京:中共中央党校,2011.

[193]彭东琳.列宁文化建设思想研究[D].长春:东北师范大学,2010.

[194]彭红胜.论布哈林对落后国家建设社会主义规律的探索[D].北京:中共中央党校,2000.

[195]杨海波.列宁文化理论研究[D].济南:山东大学,2014.

[196]张保和.布哈林帝国主义理论研究[D].南京:南京师范大学,2011.

[197] PAVLOV N V, FEDOROV M L. Nikolai Ivanovich Bukharin[J]. Russian Studies in History,1990,28(4):74 -97.

[198]WHITE JAMES D. Chinese studies of Bukharin[J]. Soviet Studies,1991,43(4):733 -747.

后　　记

本书对布哈林和葛兰西的文化领导权思想进行了系统阐释和深入比较，在把握两者思想理论观点的异同及其背后原因的基础上，阐发了布哈林与葛兰西文化领导权思想对新时代党的意识形态领导权建设的意义与启示。

笔者在研究生阶段和工作期间，比较关注文化领导权问题，撰写了《列宁同布哈林关于无产阶级文化问题的论争及其当代启示》《葛兰西文化领导权思想及其当代意蕴》《布哈林的无产阶级文化领导权思想与当代价值》等学术论文10余篇，完成了博士论文《布哈林社会主义文化建设理论研究》，本书的出版是对笔者关于布哈林、葛兰西文化领导权思想的一些相关研究成果进行的比较系统的整理和总结。

本书从选题、写作、修改、定稿到出版，得到了中共浙江省委党校、浙江省社科联、哈尔滨工程大学、扬州大学等相关专家学者的悉心指导，得到了浙江省新型重点专业智库中共浙江省委党校全面从严治党研究中心的全额资助，得到了哈尔滨工程大学出版社相关领导、编辑老师的大力支持，得到了家人、朋友和同事的理解帮助，在此表示诚挚感谢！

在本书的写作过程中，笔者参阅了一些专家学者的著作、论文等学术成果，由于篇幅所限，未能一一列出，敬请谅解。由于笔者理论水平和学识有限，本书还存在诸多问题和不足之处，欢迎读者朋友们批评指正、不吝赐教，让笔者在今后的学术道路上走得更稳更远。

仲帅

2019 年 8 月于浙江杭州